KÖNIGS FURT

Zu diesem Buch

Der Schütze ist ein Urbild des Schauens und Zielens. Vieles, was uns im Bereich des Sehvermögens, in der Erfassung des Augenblicks und der Zukunftsaussichten, welche uns vor Augen liegen, betrifft, wird durch die Schütze-Symbolik verständlich. Von »Abenteuer« bis »Zuschauer« spannt dieses Buch einen ebenso informativen wie unterhaltsamen Bogen. Es weckt *Einsicht* und *Begeisterung* für den intuitiven Weg des Schützen, welcher zu einer kunstvollen und ganzheitlichen Lebensweise der Selbstverwirklichung führen kann.

Aus dem Inhalt Beiträge aus Astrologie, Tarot, Traumdeutung und Märchen stellen den *Schützen in uns* in seiner Vielschichtigkeit dar. Sie lassen den Schützen als eine für uns alle hilfreiche Symbolfigur begreiflich werden: »Dann ist es dieselbe Macht des Herzens und des Feuers, welche die Kraft gibt, die Pfeile fliegen und die Funken sprühen zu lassen, den Bogen wieder und wieder zu spannen. Damit wächst das Leben an Reichweite, an Wärme und an Intensität. Das Glück besteht darin, in jedem Augenblick in Verbindung mit seinen Wurzeln und seinen Zielen zu stehen.«

Über den Autor Johannes Fiebig, am 30.3.1953 in Köln geboren, studierte Sozialwissenschaften, Geschichte, Germanistik und Psychologie. Seit 1984 widmet er sich als Autor den Symbolsprachen. In zahlreichen Vorträgen und Seminaren hat Fiebig mit seinem Ansatz Schule gemacht, die fantastischen »Dinge zwischen Himmel und Erde« ernstzunehmen und zugleich Gebiete der traditionellen Grenzwissenschaften zu entmystifizieren. Sein gemeinsam mit Evelin Bürger verfaßtes »Tarot – Spiegel Deiner Möglichkeiten« ist eines der bekanntesten und erfolgreichsten Tarot-Bücher. 1989 gründeten E. Bürger und J. Fiebig den Königsfurt Verlag. Sie leben mit ihren beiden Kindern in Klein Königsförde, unweit von Kiel.

Johannes Fiebig

Der Schütze in uns

Einsicht und Begeisterung

Königsfurt Verlag

Reihe
Astrologie, Tarot, Träume & Märchen
Band 9
Schütze

Originalausgabe
Königsförde September 1990

Bürger & Fiebig
Königsfurt 6
D-2371 Klein Königsförde
am Nord-Ostsee-Kanal
(Post Bredenbek)
Umschlaggestaltung: Michael Rompf, Hamburg
Abbildung der Tarot-Karten:
Rider Waite Tarot und Crowley Thoth Tarot –
Bezugsquellennachweis und Copyright
bei AG Müller, Neuhausen/Schweiz.
Ancien Tarot de Marseille –
Copyright bei Ets France Cartes – Grimaud, Paris.
Schreibarbeiten: Anke Senff, Mielkendorf bei Kiel
Gesamtherstellung: Clausen & Bosse, Leck
Printed in West Germany
ISBN 3-927808-09-1

Inhalt

Für Cornelia

Dich im Unendlichen zu finden,
Mußt unterscheiden, dann verbinden.

(J. W. v. Goethe)

Der Schütze in uns

Eine Einführung in die Symbolkunde

Der »Schütze« ist eine klassische Gestalt der Sagen-, Mythen- und Märchenwelt, welche in vielen Kulturkreisen der Welt beheimatet ist. Die Kennzeichen dieser Symbolfigur sind der Bogenschütze, die Fackel und das Auge, weiterhin die Figur des Zentauren und des Wilden Reiters sowie die des geflügelten Pferdes. Von den Bogenschützen der abendländischen Antike, allen voran Odysseus, *spannt* sich hier der *Bogen* bis zu Robin Hood und Wilhelm Tell und führt weiter etwa zum gefiederten Pfeil der »Indianer« sowie dem Bogenschießen als Kampfsport des Geistes Zen-Buddhismus. Die Fackel verbindet Prometheus und die Freiheitsstatue, den Sankt Martin sowie die Idee der Olympischen Spiele und das »ewige Licht« in unseren Kirchen. Das Auge wiederum schlägt eine Brücke von den alten Griechen, welche als Eidetiker, d.h. als Augenmenschen galten und gelten, herüber zur Fernsehkultur unseres »visuellen Zeitalters«. Das Auge ist Gottessymbol, und es ist *interface* (»Zwischengesicht«, Schnittstelle) zwischen Innen- und Außenwelt.

Der »Schütze« ist ein Urbild unserer Kultur. Unser Seelen- und Geistesleben besitzt durchaus *individuelle* Bilder, Begriffe und Vorstellungen. Neben, vor und nach allem Individuellen bestehen jedoch auch *kollektive* Symbole, d.h. ein Vorrat an seelischen Bildern und an geistigen Orientierungen, welcher vielen oder den meisten Menschen eines Kulturraumes gleichermaßen zueigen ist. Dabei bleibt es gleichgültig, ob jeder/m einzelnen dies bewußt ist oder nicht. Eines dieser Kollektivsymbole, die auch »Archetypen« genannt werden, ist der Schütze. Nicht zuletzt die Entwicklung der beweglichen Bilder von der Laterna magica über die Kinofilme bis zur Television und der Videotechnik künden von der ungebrochenen und in jüngster Vergangenheit enorm vermehrten Wirksamkeit des »Schützen« in uns allen.

Die astrologische Definition des Schützen lautet »*Ich sehe*«. Der Schütze ist bekanntlich ein Zeichen des astrologischen Tierkreises. Nicht jedoch die Astrologie hat den Schützen erfunden. Umgekehrt: Grunderfahrungen und Begriffsmuster unserer Kulturtradition tauchen in der Astrologie wieder auf und bilden dort eigene Bilder und Symbolzusammenhänge. Die Astrologie hat im Laufe der Geschichte ein relativ feines Strukturgeflecht zur Interpretation von Verhaltens- und Charaktertypen entwickelt, und so leistet sie, über die Beschreibung des Schütze-Typus, einen wesentlichen *Beitrag* zum Verständnis des Schützen als archetypisches und bis heute fortlebendes Bild. Andere Symbolsprachen leisten ähnliche oder anders gelagerte Beiträge zu demselben Zweck, so etwa das Tarot, die Traumdeutung und die Märchen. Jede dieser Symbolsprachen, und so auch die Astrologie, dient einem *übergreifenden* Verständnis des Schütze-Archetyps in seinen heutigen Gestaltungen.

Damit wird auch der Sinn des Titels »Der Schütze in *uns*« faßbar. Der Schütze betrifft mehr als all diejenigen, welche im Schütze-Monat vom 22.11. bis zum 20.12. eines Jahres Geburtstag haben. Diese Geburtstagskinder sind natürlich besonders an ihrem Zeichen interessiert. Aber *der Schütze geht uns alle an*, genauso wie das Charakteristikum »Ich sehe« ein Teil der Welt- und der Selbsterfahrung von *uns allen* ist. Die Bedeutsamkeit dieses Schütze-Kriteriums ist beispielsweise am Stellenwert des Fernsehens ablesbar, aber auch an den Unmengen von Menschen, die heutzutage eine *Brille* tragen.

Viele Menschen benötigen und besitzen »Sehhilfen«. Aber sind wir – als Brillenträger/in wie auch als »Normalsichtige/r« – uns dessen bewußt, was es bedeutet, das Sehvermögen anzupassen und stimmig zu machen? Eine ganze Lebensgeschichte, Lebenseinstellungen und -auffassungen finden Eindruck und Ausdruck in den Augen. Diese gelten mit Recht als »Spiegel der Seele«. Wir kennen die leuchtenden Augen und den strahlenden Blick ebenso wie die düsteren Augen und den leeren oder den gebrochenen Blick.

Das Auge besitzt eine religiös-spirituelle Bedeutungsebene. So ist es ein Topos, ein feststehender Ausdruck, in den Schriften mittelalterlicher Mystiker/innen, welche von ihren unmittelbaren Gotteserlebnissen berichten, daß sie die Welt mit *neuen Augen* gesehen haben. Sie haben das »Auge Gottes« geschaut und sind in diesem Lichte der Welt neu begegnet. In vielen Religionen spielt die *Erleuchtung* eine Schlüsselrolle. Und obgleich damit eher ein geistiges Schauen gemeint ist, so spielt sich dieser Vorgang in irgendeiner Weise doch auch in den Sehgewohnheiten ab. »Die wirkliche Bedeutung von Erleuchtung liegt darin«, so schrieb Nikos Kazantzakis, der Dichter des »Alexis Sorbas«, ein gläubiger und suchender Mensch zwischen Christentum und Buddhismus, »die wirkliche Bedeutung von Erleuchtung liegt darin, mit ungetrübten Augen auf alles Dunkle zu blikken«. Und – so dürfen wir hinzufügen – darin, mit ungeblendeten Augen auf das Helle zu schauen.

Andere Augen – neue Augen

In der Traumdeutung bei Sigmund Freud besitzt das Auge eine sexuelle Bedeutung als Symbol des *weiblichen Geschlechts.* – Zum astrologischen Schützen gehört das Symbol der *Blauen Blume*, jenes geheimnisvollen Ziels der Romantik. Dem entsprechen im Augenausdruck die berühmten »blauen Augen« in ihrer Mehrfachbedeutung: Blaue Augen sind strahlende, klare Augen »wie zwei Sterne«; sie stellen aber auch eine »blauäugige« Unwissenheit und Ahnungslosigkeit aus; und sie sind Zeichen erlittener Verletzungen sowie verteidigter Hoffnungen, wenn es heißt, man sei noch einmal »mit einem blauen Auge davongekommen«. – Im inneren Bereich einer Flamme, wo die Temperatur am heißesten ist, brennt sie ebenfalls blau. –

Die Entwicklung des modernen Denkens begann in der Renaissancezeit (15. Jahrhundert) u. a. mit der Entdeckung des *perspektivischen* Sehens. Die *Transformation* des modernen Denkens, die wir in diesem Jahrhundert erlebten (und in diesen Jahren der Wende in ein neues Jahrtausend deutlich verspüren), bedeutete u. a. eine Fortentwicklung des Sehens hin zu einer *gleichzeitigen* Gültigkeit vieler Perspektiven auf einmal. Dem brain storming der Gedanken entspricht im Schauen eine *Wahrnehmung des Augenblicks*, welche viele Dimensionen eines Menschen oder eines Sachverhaltes in einem Moment und in einem Blicke sieht. Vor Jahren dichtete, dazu ganz passend, eine Rockgruppe der »Neuen Deutschen Welle«: »Wir setzen unsere Brillen auf/Der Film geht los/Die Welt ist gut/Die Welt ist schlecht /Ich seh mehr als ich begreifen kann/Gott sei Dank/Die Wirklichkeit ist extrabreit.«

Die aktuelle Transformation des Denkens kündigte sich in der Kunst bereits Anfang des 20. Jahrhunderts an. Der Surrealismus (wörtlich: ein Stil der Überwirklichkeit) benutzte die »neuen Augen« als wiederkehrendes Sinnbild. In seinem berühmten Film »Ein andalusischer Hund«, welcher ein Wegbereiter vieler künstlerischer Neuerungen wurde, zeigte Luis Buñuel, wie ein Auge zerteilt wird. Nicht genug, daß jeder Mensch zwei Augen besitzt; die Doppeldeutigkeit, der Verleztlichkeit und die facettenreichen Brechungen des Augenblicks sollten gezeigt und gesehen werden. Auf ihre Art griffen damit die surrealistischen und andere Kunstströmungen die »neuen Augen« der mittelalterlichen Mystik wieder auf. – Nach dem zweiten Weltkriege tauchten dann stärker als je der verstörte und der haltlose Blick auf. Man hat soviel gesehen und weiß nicht, was man davon halten, woran man sich noch halten soll. »*Andere Augen*«, so lautete zum Beispiel der erste Gedichtband von Ernst Jandl, der 1956 in Wien erschien, – andere Augen wurde zu einem Topos der Nachkriegszeit.

Sehen und erkennen

All dies betrifft das Erbe, die heutigen Voraussetzungen des »Schützen« in uns, dieser Symbolgestalt, die davon handelt, wie wir uns selbst und die Welt sehen. Einsicht und Verständnis für die Bedeutung der Schütze-Symbolik können uns helfen, vieles, was uns in den Bereichen des Sehvermögens, der Erfassung des Augenblicks sowie der vor uns liegenden Aussichten bewegt und betrifft, besser zu verstehen – und den persönlichen Verhältnissen, der eigenen Lebensweise anzupassen. Wir brauchen unsere je eigene *Optik*. Und wenn wir begreifen wollen, was wir schauend erfahren, brauchen wir auch eine *Theorie*, ein Bild vom Ganzen, in welchem wir uns selber wiederfinden. »Theorie« heißt wörtlich Anschauung. Aber heute sind Theorie und sinnliche Anschauung oftmals zwei getrennte Welten. Was man *sieht* und was man sich *vorstellt*, fällt allzu oft auseinander.

Die Fernbedienung am Televisionsapparat stellt, wenn sie zwischen zahlreichen Kanälen wählen kann, für ein Massenpublikum heute einerseits die gleiche *Vielfalt der Perspektiven und der Wahrnehmungen* her, welche die Kunst der vergangenen 70 bis 80 Jahre in Bildern, Filmen usw. zunächst für wenige eröffnete. Andererseits entspringt die magische Wirkung, der Bann der bewegten Bilder und speziell des Fernsehens, auch der Wiederholung einer recht frühen menschlichen Kulturstufe.

In der Entwicklung eines Kleinkindes ist es etwa der 3. bis 5. Lebensmonat, in welchem die Erfassung der Umwelt hauptsächlich und prägend über die Augen und den Gesichtssinn verläuft. In dieser Entwicklungsstufe ist der allererste Abnabelungsprozeß beendet, aber die eigenständige Bewegung im Raum, die zielgerichtete Ausdrucksfähigkeit (welche erst nach der sogenannten zweiten oder sozialen Schwangerschaft, nach 7–9 Lebensmonaten beginnt) ist noch nicht entwickelt. In dieser Lebensphase nimmt – außer den unmittelbaren Körpervorgängen – das »Spiel der Augen« das Zentrum des

Erlebens ein. Auf dieser Entwicklungsstufe nimmt der Säugling die Welt als eine unmittelbare Ganzheit wahr. Wenn man will, so handelt es sich bei dieser Erlebnisweise um die Quelle oder den Keim einer mystischen Weltsicht. Denn »Mystik« bedeutet u. a. eine unmittelbare, ganzheitliche Gottes- oder Welterfahrung.

Als Erwachsene können wir entweder in diese frühkindliche Erlebnisweise zurückfallen; wir bilden dann Mystifikationen, eine mystifizierende Weltsicht aus. Das sind die berühmten »Schuppen vor den Augen« (der Schleier der Maya): Man schaut und sieht doch nicht, was vor einer/m liegt. – Oder man »vergißt« die Erfahrungen von Ganzheit und Unmittelbarkeit. Man behält vielleicht eine unbestimmte Sehnsucht nach etwas Fremdem und Fernem zurück, hat jedoch den großen Blick auf die Welt und auf sich selbst verloren. – Oder wir finden als Erwachsene zu einer neuen ganzheitlichen Sichtweise, welche die bewußte Unterscheidung des Erkennens zur Voraussetzung besitzt. Diese kann zu einer bewußten »Mystik«, zu einem ganzheitlichen Welt- und Selbstverständnis führen, in welchem der Augenblick mit der unendlichen Vielfalt seiner Dimensionen zur erlebten Wirklichkeit wird. Auf diese neue Ganzheit ist das Motto gemünzt, das dieser Darstellung vorangestellt ist: »Willst im Unendlichen dich finden/Mußt unterscheiden, dann verbinden«.

»Viele Wege führen nach Rom«

Diese »bewußte Mystik« mag Ihnen fremd in den Ohren klingen, wenn Ihnen Spiritualität und Religiosität bislang wenig zu sagen hatten oder wenn Sie einen

Vorbehalt gegenüber schwärmerischen Visionen und Ganzheitsmodellen besitzen. Nun, meistens haben Vorbehalte auch ihre Berechtigung, selbst wenn sie eines Tages aufzugeben sind. Eine mystifizierende Schwärmerei ist, nach gängiger astrologischer Auffassung, einer der großen Schwachpunkte des Schützen in uns. Er sieht und sucht sein eigenes inneres Zentrum weit draußen, außer sich und vor sich. So kommt es zu der Beschreibung des Schützen als eines »ewigen« Wanderers, der große Entfernungen zurücklegt, um viele Kontinente oder riesige Wissensschätze zu durchstreifen. Ein schwärmerischer Idealismus, welcher nicht viel mehr besitzt als seinen guten Willen, und dann eine rastlose Suche, welche sich ohne Begriff eines bestimmten Zieles verselbständigt, sind die großen Gefahren, welche dem Schützen in uns drohen.

Seine Stärken liegen jedoch darin, sich *selbständig* ein Bild von der Welt als Ganzem zu machen. Je bewußter er dabei zu sehen lernt, desto mehr findet der Schütze seine nächsten und seine fernsten Ziele in jedem einzelnen Augenblick wieder. Stellen Sie bitte einmal folgende Betrachtung an:

> Sie sehen die Straße vor Ihrem Hause. Auf dieser Straße bewegen sich täglich viele Menschen. Es ist *eine* Straße, diese ist tatsächlich *da* und ist *für alle* gleichermaßen vorhanden. Aber jeder Mensch erfährt und *sieht* diese Straße auch auf persönliche Weise. Die anatomischen Gegebenheiten des Sehens – Blickhöhe, Blickwinkel, Sehstärke, Reichweite, Brennpunkt usw. – führen zu je individuellen Bildern der einen Straße. Lebenserfahrung und Lebenseinstellung bewirken ein übriges. Ein

alter Mensch sieht diese Straße anders als ein junger, eine Frau anders als ein Mann, ein verliebter Mensch wieder anders als ein liebloser usw. Spezielle Interessen ergänzen zusätzlich das jeweilige persönliche Bild: Wer durch die Straße möglichst schnell hindurchfahren will, sieht sie anders als eine, die dort wohnt. Eine Straßenhändlerin betrachtet sie anders als ein Straßenfeger, ein Einheimischer anders als ein Besucher aus der Ferne. Kurz, es ist eine und dieselbe Straße. Sie existiert und sie stellt *einen* gemeinsamen tatsächlichen Bezugspunkt für alle dar, welche sie sehen und kennen. Insofern ist bei weitem *nicht* alles relativ. Zugleich ist diese eine Straße aber auch ein Begriff, hinter welchem sich »viele Straßen« verbergen. Die Kunst des Sehens und die allgemeine Lebensschulung, welche dem Schützen zu eigen sind, bestehen nun darin, im persönlichen Bild jener Straße sehend zu erkennen, inwieweit sich die Sichtweisen der eigenen und anderer Personen decken, unterscheiden und ergänzen.

Man muß den Blick einerseits entleeren, von Vorstellungen befreien, um wirklich zu schauen. Auf der anderen Seite gilt es, im Sehen verbindlicher zu werden. Wir benutzen gemeinsame Worte wie »Straße«. Aber welches Bild, welche Anschauung jede/r einzelne damit verbindet, bleibt oftmals unklar. Bei bestimmten Worten, wie zum Beispiel »Vater« oder »Mutter« liegt es eher auf der Hand, daß diese Vokabeln neben ihrer allgemeingültigen Bedeutung mit ganz persönlichen Erfahrungsinhalten einhergehen. Aber dies gilt für alle Worte. Im Sehen verbindlicher zu werden, heißt, genauer hinzuschauen und seine verschiedenartigen Erfahrungen und Betrachtungen zu einer bewußten Gesamtansicht auszubilden.

Was den Schützen sprichwörtlich in die Ferne treibt, ist auch etwas sehr Naheliegendes: Der Blick auf sich selbst. In der Tat muß man viel von anderen Menschen gesehen und verstanden haben, bis man nicht nur andere betrachten, sondern *in der Betrachtung* auch sich selber sehen kann. Aber dies ist die ganz praktische und eigentlich nüchterne Bedeutung von Mystik. »Was du suchst, ist das, was sucht«, sagte Franz von Assisi. Auf unser Thema bezogen, heißt dies: »Was du siehst, ist das, was sieht«. In einer Bildwahrnehmung ist – bewußt oder unbewußt – der oder die Betrachter/in mitenthalten. Unsere Einsichten bestimmen unsere Aussichten (und umgekehrt). Oder, in der bekannten Formulierung von Goethe: »Nichts ist innen/Nichts ist außen/Denn was drinnen/Ist, ist draußen«. Vergessen wir ruhig den Begriff »Mystik«, solange er zu mißverständlich erscheint. Nennen wir es: Eine »Erweiterung des Augenblicks«, die »Fähigkeit, mit eigenen *und* mit anderen Augen zu schauen«. Dann verstehen wir, daß Erfahrungen dieser Art Teil unserer Alltagswirklichkeit und unseres Weges zu uns selbst sind.

Manchmal führen gewisse Veränderungen der Lebensgewohnheiten dazu, daß man unvermutet und schlagartig sein Lebensumfeld mit »neuen Augen« sieht. Sie kommen aus dem Urlaub zurück und sehen Ihre Wohnung ganz anders als zuvor. Sie verlieben sich und alle Farben leuchten kräftiger als sonst. Sie haben Ihre empfindlichen Tage und stören sich an Dreck oder Unordnung, welche schon vorher dalagen, aber Ihnen gar nicht aufgefallen sind. Solche Erfahrungen existieren im Alltag – auch völlig unabhängig von Symbolkunde und Symbolsprache. Nehmen wir noch als weiteres Beispiel viele der gängigen Video-Clips, die mit ihren unglaublich schnellen Schnittfolgen gleichsam die Wahrnehmung des Augenblickes aufheizen, komprimieren und verdichten (oder dies zumindest vorgeben). Umgekehrt die Zeitlupe, welche die Wahrnehmung des Augenblicks dehnt und auf spannungsvolle Weise entspannt. Beides – die rasanten Schnitte wie auch das Aushalten, die Dehnung winziger Zeitmomente – gehört zu unseren (mehr oder weniger) täglichen Sehgewohnheiten.

Die speziellen Symbolsprachen Astrologie, Tarot, Traumdeutung und Märchen haben all dies nicht erfunden, sind selber Reflex dieser Entwicklungen im Alltagsleben. Doch sie stellen ein Angebot dar, die Bedeutung von Erfahrungen der angesprochenen Art besser zu verstehen, die seelische Verarbeitung der entsprechenden Erlebnisse zu erleichtern.

> »Denn ein Weg zur Wirklichkeit geht über Bilder. Ich glaube nicht, daß es einen besseren Weg gibt. Man hält sich an das, was sich nicht verändert, und schöpft damit das immer Veränderliche aus. Bilder sind Netze, was auf ihnen erscheint, ist der haltbare Fang. Manches entschlüpft und manches verfault, doch man versucht es wieder, man trägt die Netze mit sich herum, wirft sie aus und sie stärken sich an ihren Fängen. Es ist aber wichtig, daß diese Bilder auch außerhalb vom Menschen bestehen, in ihm sind selbst sie der Veränderlichkeit unterworfen. Es muß einen Ort geben, wo er sie unberührt finden kann, nicht er allein, einen Ort, wo jeder, der unsicher wird, sie

findet. Wenn er das Abschüssige seiner Erfahrung fühlt, wendet er sich an ein Bild. Da hält die Erfahrung still, da sieht er ihr ins Gesicht. Da beruhigt er sich an der Kenntnis der Wirklichkeit, die seine eigene ist, obwohl sie ihm hier vorgebildet wurde. Scheinbar wäre sie auch ohne ihn da, doch dieser Anschein trügt, das Bild braucht seine Erfahrung, um zu erwachen. So erklärt es sich, daß Bilder während Generationen schlummern, weil keiner sie mit der Erfahrung ansehen kann, die sie weckt.»

(Elias Canetti)

Feuerprobe und Intuition

Der Schütze in der Astrologie

Vom Ansatz her werden wir im folgenden die Astrologie als eine Symbolsprache betrachten, welche insoweit dem Märchen oder der Traumdeutung zu vergleichen ist. Wie in der heutigen astrologischen Literatur weithin üblich, so wird auch hier ausdrücklich die Behauptung zurückgewiesen, daß die Astrologie die tatsächlichen Vorgänge am Himmel wiedergebe. Vielmehr, wie die Nachtträume bestimmte Tagesereignisse (den sogenannten »Tagesrest«) benutzen, um damit eine Traumhandlung zu gestalten, die eine ganze eigene Bedeutung besitzt, so greift auch die Astrologie gewisse astronomische Gegebenheiten auf, um damit – in einer eigenen Begriffs- und Symbolsprache – den *seelischen* Himmel oder Horizont darzustellen.

Astrologie als Ausdruckssprache der Seele

Wie die Märchen von Rittern und Königinnen handeln, so die Astrologie von alten Zeiten mit einem entsprechenden Stand der Gestirne. Und wie im Traum ein Mensch sich als Hund oder Katze zeigen kann – als ein Tier, das selbstverständlich auch zu sprechen vermag, so kennt die Astrologie Stiere, Löwen und Fische, Jungfrauen oder eben Schützen, die in ähnlicher Weise ihre

Bedeutung und ihre seelische Wirksamkeit besitzen. Es sind seelische Welten und seelische Erlebnisweisen, welche durch die Astrologie wiedergegeben werden.

Wo die Seele auf ihre Grenzen stößt, dort auch die Astrologie. Auf der anderen Seite ist die moderne Psychologie – wie oft beklagt wird – vielfach eine »Seelenkunde ohne Seele«. Und selbst da, wo dem Seelischen durchaus Rechnung getragen wird, gibt die neuere Psychologie nicht allzuviel für das Verständnis von Charakteren und Verhaltens*typen* her. Auch wenn man in das Individuelle und das Aktuelle verliebt ist, wie die neueren Psychologien in ihrer Mehrheit, empfiehlt sich doch die Beschäftigung mit dem kulturellen Erbe, welches die Symbolsprachen, und dabei auch die Astrologie, vermitteln. Zugestanden: Wer *nur* Archetypen kennt und in seelischen Traditionen wie der Astrologie verweilt, verpaßt das Individuelle, das eigene Licht und den persönlichen Willen. Wer jedoch umgekehrt nur das individuell Gegebene begreift, bleibt ein vergleichsweise flaches Licht. Der bewußte *individuelle Umgang* mit unserem kulturellen Erbe, auch im Bereich der Seelenkunde, erlaubt es, das persönliche Feuer auf den Berg des Bestehenden zu bringen und im Lichte alter wie neuer Wahrheiten sich selbst und andere zu begreifen.

Während etwa die Märchen in besonderer Weise seelische Betroffenheiten wiederherzustellen und zu aktualisieren vermögen, so pflegt die Astrologie vornehmlich eine Begriffsbildung für seelische Ereignisse. Mit ihrer eigentümlichen Symbolik aus Elementen, Tierkreiszeichen und Planeten leistet die Astrologie einen einzigartigen Beitrag zu einer »Grammatik des Unbewußten«.

Astrologische Definitionen der Tierkreiszeichen

Widder:	Ich bin.
Stier:	Ich habe.
Zwillinge:	Ich denke.
Krebs:	Ich fühle.
Löwe:	Ich will.
Jungfrau:	Ich analysiere.
Waage:	Ich gleiche aus.
Skorpion:	Ich begehre.
Schütze:	*Ich sehe.*
Steinbock:	Ich nutze.
Wassermann:	Ich weiß.
Fische:	Ich glaube.

Die Vorzüge der Astrologie bestehen in einem besonderen Verständnis für die »Qualität der Zeit« sowie in einer bausteinartigen Beschreibung von Charakter- und Verhaltenstypen. In diese Beschreibungen fließen Gestalten des Mythos, wie zum Beispiel Jupiter und Saturn, ein. Die Begegnung mit und die Aufarbeitung von mythischen Gestalten bedeutet, wie Sigmund Freud, C. G. Jung, Erich Fromm u.v.a. erklärt haben, eine wesentliche Quelle der psychologischen Einsicht und der Lebenskunst – wenn man die Bilder des Mythos mit einer persönlichen Lebenserfahrung betrachten kann, welche jene aus ihrem wartenden Schlummer erweckt.

Die Qualität der Zeit stellt die Astrologie durch das Horoskop dar; auf diese Seite der astrologischen Praxis kann im Rahmen der vorliegenden Darstellung nicht weiter eingegangen werden. In der Beschreibung der Stellung des Schützen im Jahreskreis wird jedoch am Beispiel deutlich, was es heißt, mit der Zeit, ihren Rhythmen und ihren wechselnden Qualitäten zu leben.

Bausteine des Tierkreiszeichen Schütze

Die Charakteristik der astrologischen Zeichen setzt sich jeweils aus mehreren Elementen zusammen. Die Kenntnis dieser Bausteine macht es leichter, die Beschreibung eines Tierkreiszeichens nachzuvollziehen und persönlich zu bestätigen oder auch sinngemäß weiterzuentwickeln. Denn die Deutung der astrologischen Charakter- und Verhaltenstypen ist keine Glaubensfrage, sondern Erfahrungssache. Mit gewandelten Erfahrungen entwickelt sich die Typenlehre weiter. Die Strukturen oder Bildungselemente der astrologischen Theorie helfen dabei, diese Erfahrungen aufzugreifen und auszudrücken.

Für die Beschreibung eines Tierkreiszeichens sind folgende Merkmale wesentlich:

- Die Zugehörigkeit zu einem der vier Elemente Feuer, Wasser, Luft und Erde. – Der Schütze ist das bewegliche und schlußfolgernde Zeichen des Elementes Feuer.

- Die Herrschaft bestimmter Planeten im betreffenden Zeichen. – Im Schützen »regiert« Jupiter.

- Die Stellung im Jahreskreis. – Der Schütze bezieht sich auf das Herbstende. Er leitet zur Wintersonnenwende hin. Im Jahreskreis tritt er an neunter Stelle auf; im Horoskop gibt er die Bedeutung des neunten Hauses an.
  (Zusätzlich: Die Stellung im Lebenskreis. – In der Entwicklung eines Menschen kann sich der Schütze besonders auf den Lebensabschnitt von ca. 57–63 Jahren erstrecken.)

Das Feuer der Begeisterung

Wenn der Schütze seinen Weg beginnt, dann tritt er ihn *nicht voraussetzungslos* an. Wie jeder Mensch seine Eltern, Vorfahren und Mitmenschen zur Voraussetzung hat, so der Schütze die Tierkreiszeichen von Widder bis Skorpion, welche ihm im Jahreskreis vorausgehen. Auch innerhalb des Elements Feuer startet er als Dritter im Bunde, nach dem beginnenden Widder und dem mittleren Löwen. Dazu eine kurze Übersicht; für jedes Element unterscheidet die Astrologie drei Ausprägungen:

- *Ein beginnendes oder kardinales Zeichen.*
  Bei diesem geht es um die Beweggründe und die ursächlichen Widersprüche des betreffenden Elementes. Hier werden Grundsätze und Leitmotive ausgebildet. – Für das Element Feuer ist dies das Zeichen Widder.

- *Ein mittleres oder festes, festigendes Zeichen.*
  Das sogenannte »fixe« Zeichen betrifft die Mitte, die

Verbindungslinien, die Zusammenhänge des betreffenden Elementes. Hier werden Muster und Komplexe ausgebildet – dieses Zeichen ist im Bereich des Feuers der Löwe.

- *Ein schließendes, bewegliches oder schlußfolgerndes Zeichen.*
  Hierbei geht es um die Konsequenzen, die Extreme und die Zuspitzungen des betreffenden Elementes. Stärken und Schwächen des Elements sind deutlich zu unterscheiden, gehen hier jedoch auch am ehesten einen schlechten Kompromiß ein. Hier werden Horizonte und Glaubenssätze ausgebildet. – Der Schütze ist das variable Feuerzeichen.

Ganz im Widerspruch zu den verschiedenen Antrittsvoraussetzungen erlebt sich jedoch das Feuerelement als eine *genuine*, das heißt als eine unmittelbare, ganz aus sich selbst heraus verständliche Wesenskraft. Im menschlichen Verhalten entsprechen dem Feuer der Wille, ein motorischer Tatendrang, der Bewegung verursacht und Bewegung braucht. (Denn Bewegung und Lebendigkeit gehören untrennbar zu jedem Feuer; vgl. dazu die Beschreibung der vier Elemente auf den Folgeseiten.) Die Macht der bestehenden Voraussetzungen und die Eigendynamik des brennenden Lebensfeuers prallen bei jedem Feuerzeichen, und so auch beim Schützen, erst einmal relativ unvermittelt aufeinander.

Mehrere Faktoren erhöhen jedoch die spezielle Dramatik des Schützen.

Die vier Elemente

Feuer

bedeutet Lebensfeuer, Lebensenergie, Begeisterung und Lebendigkeit. In der Natur sind es vor allem die Sonne, Feuer aller Art und Blitze, die in ihren verschiedenen Erscheinungs- und Wirkungsformen die Kraft des Elements Feuer zur Geltung bringen. Im menschlichen Verhalten verleihen besonders die *Daseinsfreude*, der *Wille* und die *Intuition* der Feuerkraft Ausdruck.

Weitere Merkmale des Elements Feuer: Lebenslust und Selbstbehauptung, Zeugungs-, Schaffens- und Gestaltungskraft, Einsatzbereitschaft und Macht, Durchsetzungsvermögen. Charakteristisch für das Element Feuer sind Entschlüsse und Taten. Schwierige Situationen (»Feuerproben«) werden gemeistert, indem man etwas tut: »*Es muß etwas geschehen.*«

Zum Element Feuer gehören die Tierkreiszeichen Widder, Löwe und Schütze.

Wasser

bedeutet Lebenselixier, Lebensfülle, Seele und Seligkeiten. In der Natur bringen der Mond sowie Gewässer jeder Art die Kraft des Elements Wasser zum Ausdruck. Im menschlichen Verhalten sind es vor allem das *Gefühlsleben*, die *persönlichen Bedürfnisse* und *Leidenschaften*.

Weitere Merkmale des Elements Wasser sind Mitgefühl, Eingebungen, Träume, Stimmungen und das Unbewußte. Charakteristisch für das Element Wasser sind Offenheit und Hingabe. Schwierige Situationen (»sich freischwimmen müssen«) werden gemeistert, indem man die Gefühle prüft: »*Auf die richtige Einstellung kommt es an.*«

Zum Element Wasser gehören die Tierkreiszeichen Krebs, Skorpion und Fische.

Luft

bedeutet menschliche Atmosphäre, Lebensgeister, geistige Energie und Gedankenwelt. In der Natur sind es der Luftraum und die Erdatmosphäre und im übrigen die Sterne (die durch die irdischen Luftschichten erst für uns funkeln), die die Kraft des Elements Luft in seinen verschiedenen Formen zur Geltung bringen. Im menschlichen Verhalten sind es besonders *Denken*, *Wissen* und *Vorstellungskraft*, Bewußtheit und Intelligenz, die dem Element Luft entsprechen.

Weitere Merkmale des Elements Luft: Geistesgegenwart und Gedankenkraft, Begriffe, Werte, Beurteilungen, ästhetische Maßstäbe und Mitteilungskünste. Charakteristisch für das Element Luft: Erkenntnisse und Entscheidungen. Schwierige Situationen (»harte Nüsse«) werden gemeistert, indem man die erforderlichen Lernprozesse bewältigt: »*Jetzt ist es klar.*«

Zum Element Luft gehören die Tierkreiszeichen Waage, Wassermann und Zwillinge.

Erde

bedeutet Materie, Stoff, körperliches Leben und Lebenszyklen, insgesamt die materiellen Lebensverhältnisse. In der Natur ist selbstredend die Erde, auf der und von der wir alle leben, Inbegriff der Erdkräfte. Gemeint ist dabei sowohl die Erdkugel als Ganzes wie auch die Erde im Sinne von »Muttererde«, Sand, Stein usw. Im menschlichen Verhalten drücken sich die Kräfte des Elements Erde vor allem in *körperlichen Empfindungen* und *Wahrnehmungen* aus.

Weitere Merkmale des Elements Erde: *Praktische Fähigkeiten, angewandte Talente, genutzte Chancen.* Lebensunterhalt, Lebenserhaltung, Betroffenheit, Fruchtbarkeit, Wachstumskräfte und Natürlichkeit. Charakteristisch für das Element Erde sind Produkte – Ergebnisse, Fakten und Definitionen. Schwierige Situationen (»Belastungstests«) werden gemeistert, indem man für etwas eine feste Form schafft: »*So kann es bleiben; so ist es nun einmal.*«

Zum Element Erde gehören die Tierkreiszeichen Stier, Jungfrau und Steinbock.

Der Skorpion, dessen Nachlaß der Schütze als anschließendes Zeichen vorfindet, ist ein Meister des »Schattenhaften«. Dem Skorpion gelingt das Kabinettstück, Geheimnisse und verborgene, unsichtbare Kräfte zur Geltung zu bringen. Er findet in den unscheinbaren Grauzonen des Lebens die Macht der Ahnen sowie der Ahnungen. Dabei begegnet der Skorpion sowohl dem Geist der Verstorbenen wie auch dem der noch ungeborenen Potentiale und der Entwicklungsmöglichkeiten eines Menschen. Der Skorpion hat die Aufgabe zu lösen, den Schatten aufzuheben. Er muß mit Ahnen und Ahnungen, die nichts weiter als »Schnee von gestern« bedeuten, brechen sowie Platz schaffen für Neues, um den erahnten zukunftsträchtigen Möglichkeiten eine reale Lebenschance einzuräumen.

Was bedeutet nun diese Hinterlassenschaft des Skorpions für den Schützen? Generell gilt in der Abfolge der Zeichen des Tierkreises ein doppelter Zusammenhang: Einerseits unterscheiden sich zwei benachbarte Zeichen wie zwei separate Schubladen. Sie verfügen über getrennte Definitionen und gehören unterschiedlichen Elementen an, der Skorpion dem Wasser und der Schütze eben dem Feuer. Auf der anderen Seite ist der Tierkreis auch als ein stufenloser Übergang von 0–360 Grad aufzufassen, d. h. im Laufe der Entwicklung verwandelt sich z. B. der Skorpion in einen Schützen, der seinerseits an einem gewissen Punkte zu einem Steinbock wird usw. In der heutigen Astrologie überwiegt zwar die Schubladen-Vorstellung. Dennoch sind beide Betrachtungsweisen sinnvoll. Beide wurden übrigens schon in der Antike entwickelt. Der Philosoph Empedokles (ca. 500–430 v. Chr.) gilt als »Vater« der vier Elemente, die er als separate Kräfte (mischbar, aber für sich genommen unveränderlich) verstand. Aristoteles (384–322 v. Chr.) vertrat hingegen die Auffassung, daß unter bestimmten Voraussetzungen jedes einzelne Element in ein anderes umschlagen, sich also transformieren könne.

Daraus folgt für unseren Schützen: Er steht von Anfang an, ehe er seine ersten selbständigen Schritte tut, in einem spannungsvollen Widerspruch. Einerseits unterscheidet er sich vom vorausgehenden Skorpion und dem nachfolgenden Steinbock. Er vertritt die vitale Schaffenskraft des Feuers und kennt, so gesehen, weder das begehrende Gefühl des Skorpions, noch die nutzenorientierte Erdbindung des Steinbocks. Auf der anderen Seite stellt der Schütze jedoch den Übergang vom Skorpion zum Steinbock dar. Die Definition des Schützen »Ich sehe« bedeutet insofern auch, daß er die einst unsichtbaren Dinge des Lebens, welche der Skorpion zum Vorschein gebracht hat, ererbt. Mit seinem Licht und seinem Feuer erweckt und belebt der Schütze nun die vormaligen Schattenwesen. Weil er Licht ins Graue und ins Dunkle bringt, wird der Schütze damit auch zum Wegbereiter des Steinbocks, der seinerseits den »Teufel im Detail«, den Inhalt des früheren Schattens sowie der Erdentiefe genau studieren und auf unterschiedliche Weise nutzen kann.

Kurz und im Überblick: Die Waage behauptet und begreift, daß es zu allem und jedem stets auch eine *andere Seite* gibt. Der Skorpion zieht dieses Andere, das Verborgene und Unbekannte wie magisch an und räumt ihm Platz ein. Der Schütze bringt nun Licht in diese geheimnisvollen Seiten des Lebens. Der Steinbock versteht es, die dadurch gewonnenen Erkenntnisse zu nutzen. Auf der Basis der genutzten Erkenntnisse entwickelt sich das Wissen des Wassermanns. Das Wissen erreicht seinen Kulminationspunkt, wenn es an seine Grenzen gerät und zusätzlich sein Nicht-Wissen begreift. Damit leitet der Wassermann zu den Fischen über, deren Definition »Ich glaube« lautet. – Von Waage bis Fische spannt sich die sogenannte Taghälfte des Jahreskreises. Zusammen mit dem Steinbock nimmt der Schütze den höchsten Platz am Firmament des Tierkreises ein.

Der dritte Quadrant (Viertelkreis) der Zodiaks, von Waage bis Schütze, gilt als der *geistige* Quadrant. Die lebendige Kraft des Feuers führt im Rahmen der gegebenen Voraussetzungen des Schützen zu einer besonderen *Begeisterung*. Was vormals unsichtbar erschien, kann der Schütze *sehen*. Er entwickelt Ein-sicht und Verständnis für den *Geist* in den Dingen und Ereignissen. Insofern der Skorpion vor ihm gute Arbeit geleistet, unfruchtbare Restgrößen beseitigt und Raum für werdende verheißungsvolle Möglichkeiten geschaffen hat, kann der Schütze sich mit Schwung und Enthusiasmus in diesen Freiraum stürzen. Mit neuer, großer Begeisterung bringt er sein Feuer voran.

Die Gabe der Intuition

»Es geht weiter« und »es geht voran« sind den Schützen kennzeichnende Aussprüche. Die Rahmenbedingungen, unter denen er im Tierkreis auftritt, sind für den Schützen aber zunächst kein bewußtes Thema, sondern selbstverständliche Gegebenheiten, die man halt nicht anders kennt. Intuitiv hat er ein Auge für die Möglichkeiten, welche vor ihm liegen, ohne sich darüber im klaren sein zu müssen, woher diese verheißungsvollen

Chancen stammen, wohin sie ihn führen würden. Neue Wege und neue Perspektiven sind das tägliche Brot des Schützen. Seine Intuition führt ihn wieder und wieder zu wundervollen Entdeckungen, denn die Begeisterung und das Fantastische sind seine zweite Natur. Typische Redewendungen des Schützen in uns allen lauten entsprechend: »Das ist ja großartig, das ist gigantisch,... phänomenal!«

»Intuition« bzw. etwas »intuieren« heißt aus dem Lateinischen: Etwas ansehen, (sorgsam) betrachten, erwägen, im Auge halten, beachten und in sich bewahren. Die Intuition ist eine Spezialität des Feuerelementes insgesamt; aber während der Widder sagt »Ich bin« und der Löwe »Ich will«, so ist der Schütze mit seiner Definition »Ich sehe« das Feuerzeichen, welches am meisten und am typischsten mit der Gabe der Intuition ausgestattet ist. In der intuitiven Erfassung des Augenblicks wiederholt sich für den Schützen (in uns allen) die anfängliche ganzheitliche Weltsicht, welches jedes Individuum und die Spezies Mensch auf einer frühen Entwicklungsstufe ganz selbstverständlich besessen haben. Bis wir heute auf eine *bewußte* Art und Weise die Intuition wieder besitzen und benutzen können, ist ein nicht ganz einfacher Weg zu bewältigen, welcher jene anfängliche, unbefragte Selbstverständlichkeit auflöst und ein neues Selbstverständnis aus Erfahrung und Erkenntnis zusammensetzt.

Die Etappen dieses Weges werden an den Problemen deutlich, welche die intuitive Begabung des Schützen mit sich bringt.

Punkt 1: Seine Möglichkeiten besitzt der Schütze auf der Basis, daß ihm zuvor – durch den Skorpion – das

Reich der Ahnen und der Ahnungen erschlossen wurde. Wenn ihm dies nicht bewußt ist, sucht der Schütze unter der Hand immer wieder neue »Vor-Arbeiter« (Vor-Arbeiterinnen), welche ihm gleichsam die Dreckarbeit abnehmen (ihn »entsorgen«), auf daß er allein seiner intuitiven Begabung, die oftmals künstlerische oder kreative Ausdrucksformen findet, frönen kann. Insbesondere vor Aufgaben, bei denen der Schütze selbst einmal Schattenseiten annehmen und genauer betrachten müßte, schreckt er zurück. Ebenso kann er sich scheuen, Dinge und Prozesse *in der Zeit* zu erledigen, weil ihm das Beendigen fremd ist, solange er seinen Vorgänger Skorpion nicht kennt, und weil er stets noch neue Möglichkeiten entdeckt, auf welche er nicht verzichten mag.

Punkt 2: Soweit der Schütze seinen intuitiv geschauten Ideen und Plänen folgt, ohne sie jedoch in praktische Ergebnisse umzumünzen, solange kultiviert der Schütze einen *Schwebezustand*, welcher sich in Schwärmerei, Idealismus, weltanschaulichem Eifer (oder in illusorischem oder sogar betrügerischem Verhalten) ausdrücken kann. Die Theorie triumphiert über Betroffenheit und Erfahrung. Der Schütze wird dann zu einem Zuschauer; vielleicht zu einem begeisterten Zuschauer, aber kaum mehr zum originären Akteur. Oder der Schütze wird zu einem blendenden Fantasten, der sich selbst und/oder anderen mit seinen Fantasievorstellungen etwas vortäuscht.

Punkt 3: Möchte der Schütze seine Träume und Ideale jedoch verwirklichen, so stößt er, wenn er den ersten Schritt voranmacht, auf den Steinbock, welcher die

»harte« Realität und den Berg des Bestehenden (auch: einen Berg ungelöster Probleme) dem Schützen vorhält. Das kann einen Schock bewirken, welcher die Intuition auf eine langwierige Probe stellt. Der Schock (der u.a. als »Das Drama des begabten Kindes« einen festen Platz in der psychologischen Literatur einnimmt) besteht darin, daß der Schütze vorübergehend nur noch »schwarz« sieht.

Obwohl dies eine beunruhigende Erfahrung für eine Gestalt bedeutet, deren Merkmal eben das Sehen ist, – tut der Schütze gut daran, diesen Konflikt durchzustehen. Das Schwarze ist – auch – ein notwendiger Kontrast für seine hellen Augen, welcher ihm, wenn er es annehmen kann, letztlich sogar Entspannung und eine Hinwendung zu sich selber vermitteln kann. Dieser Konflikt zwischen eigenem Feuer und dunkler Natur ist für den Schützen mühsam und langwierig, aber im Ergebnis nicht gefährlich, sondern sogar lohnend.

Versucht er hingegen diesen Kontrast zu vermeiden, dann sind sein Feuer und seine Intuition ernsthaft gefährdet. Entweder liefert sich der Schütze dann dem Berg ungelöster Probleme aus. Er betätigt sich bevorzugt als Rätsellöser und als Gönner, muß jedoch erleben, daß so viele Probleme, wie er löst, sich auf andere Weise wieder neubilden. Er wird den »Berg« nicht los und gleicht insofern dem Sisyphos. Oder der Schütze errichtet eine »Edelschranke«, wie Hermann Meyer es formulierte. Er zieht eine Grenze vor der ungeliebten Realität und verbleibt in einer Welt des Idealen, des Kunstvollen und Ästhetischen. Er greift als Künstler (oder als Lebenskünstler, als Bohemien, als ewiger Wanderer) nach dem Absoluten und scheut vor dem Bedingten wie das Weihwasser vorm Teufel. In *seiner* Welt ist es edel und gut, nur die *Gemeinheit* der anderen macht ihm zu schaffen.

Die Intuition erscheint als ein Stück Himmelsfeuer. Sie ist eine Gnade, ein Geschenk der Götter. Doch bis der Schütze erkennt, welche Bedeutung diese seine Mitgift für ihn besitzt, hat er sich mehr als einmal daran die Finger verbrannt.

Kampf der Giganten

Obwohl Schütze und Steinbock im astrologischen Kreis gleich nebeneinander liegen, ist der Kontrast zwischen Himmel und Erde, zwischen geistvollem Feuer und bedürftiger Natur nirgends, wo Feuer und Erde aufeinandertreffen, stärker als hier. Das ist darin begründet, daß allein hier ein Wendepunkt zwischen einem Feuer- und einem Erdzeichen existiert (die Wintersonnenwende am 20./21.12.). Vollends deutlich wird der krasse Gegensatz, wenn wir die Regenten der beiden Tierkreiszeichen, Jupiter und Saturn, betrachten. In der astrologischen Interpretation gelten diese beiden Prinzipien als Kräfte, welche sich wechselseitig aufzuheben vermögen. Wo Jupiter großzügig ist bis zur Verschwendung, ist Saturn sparsam bis zum Geiz. Was Jupiter ausdehnt, zieht Saturn zusammen. Großmut steht gegen nüchterne Vorsicht, Weltoffenheit gegen Selbstbeschränkung und Liebe zum Kolossalen gegen Liebe zum Detail. Wo Saturn die Macht des Schicksals betont, dort behauptet Jupiter die Freiheit, das eigene Schicksal selbst in die Hand zu nehmen.

Jupiter und Saturn entstammen der altrömischen Mythologie und entsprechen dem Zeus und dem Kronos im griechischen Mythos. Dort siegt Zeus über den Kronos, seinen Vater – so wie Kronos einst seinen Vater, den Uranos, besiegte. Lange Zeit, durchs Mittelalter bis in die Neuzeit, hat die Astrologie sich in der Deutung der Planeten gleichsam auf die Seite des Siegers gestellt. Jupiter galt als gut und versprach Glück (ja, im Unterschied zum »kleinen Glück« der Venus sogar das »große Glück«!), während Saturn als langandauerndes Übel angesehen wurde. Diese Sichtweise änderte sich erst, als 1781 ein Planet entdeckt wurde, welcher den Namen Uranus erhielt; damit kam – in den Begriffen des Mythos ausgedrückt – der Großvater von Zeus (Jupiter) und Vater von Kronos (Saturn) wieder ins Spiel. Dieser alte Herr erwies sich als erstaunlich frisch und frech. Jedenfalls beanspruchte er persönliche Freiheit, Unkonventionalität sowie die Offenheit von Situationen als astrologische Bedeutungen. 1846 und 1930 wurden zwei weitere Planeten entdeckt, und wieder erwies sich die Namensgebung als überaus bedeutungsvoll: Neptun (griechisch Poseidon) und Pluto stellen in der Mythologie die Brüder des Zeus dar. Zeus (oder Jupiter) hatte gleichsam zwei »dunkle Brüder« besessen, welche erst in jüngster Vergangenheit als astrologische Kräfte entdeckt wurden.

Die Sterndeutung verteilt heute die Bewertungen nicht mehr nur positiv zugunsten des Jupiters und allein negativ zu Lasten des Saturns. Dies entspricht auch mehr der ganzen Wahrheit des Mythos. Immerhin verkörperte Saturn (Kronos) auch ein goldenes Ur-Zeitalter. Und der bisweilen rechthaberische Zeus (Jupiter) hatte ohnehin Federn lassen müssen, seitdem der Titanensohn Prometheus (wörtlich soviel wie »Der Vorausschauende«) das Feuer vom Himmel geholt und den

Menschen geschenkt hatte. Wie bekannt, mußte Prometheus dafür zwar bitter büßen; er wurde von Zeus an einen Felsen des Kaukasus gefesselt, und ein Adler fraß täglich an der stets wieder nachwachsenden Leber. Allein, Herakles (Herkules) befreite Prometheus, indem er den Vogel des Zeus mit einem Pfeil erlegte. Seitdem war Zeus nicht mehr der alte. – Man beachte die Beziehungen zum Schützen: Jupiter (Zeus) ist der Regent des Schützen. Prometheus stellt als Fackelträger ein Leitmotiv des Schützen dar, ebenso wie Herakles, der in dieser Episode als Bogenschütze auftritt. Last not least wird seit alters zusammen mit Hüften und den Oberschenkeln, mit dem Gesichtssinn (und teilweise dem Geruchssinn) eben die *Leber* dem Schützen als körperliche Entsprechung zugeordnet. In der Prometheus-Geschichte tritt der Schütze also in mehrfacher Weise auf; die *inneren* Widersprüche der Schütze-Symbolik werden somit deutlicher. –

Jupiter und Saturn verkörpern nicht mehr eine äußere Zweiteilung von Gut und Böse, Glück und Unglück. Beide vertreten in der heutigen astrologischen Interpretation gleichrangige Prinzipien, mit jeweils eigenen Gefahren und Chancen. Durch die Entdeckung von Uranus, Neptun und Pluto sind sie von ihrer Sippe quasi wieder eingeholt worden; sie stellen nicht mehr allein die »Megastars« der Astrologie dar. Dennoch: Der Gegensatz der Richtungen, die entgegengesetzt verlaufenden Wirkungsweisen von Jupiter und Saturn bleiben, wie bereits geschildert, auch in der heutigen Interpretation bestehen.

Das Feuer in der Erde

Saturn besitzt nach derzeitigem Verständnis viele Züge des »Alten Weisen«, einer aus zahlreichen Mythen und Märchen bekannten Figur. Sein Prinzip läßt sich als Beschränkung auf und als Unterstützung für das Wesentliche umreißen. Saturn bedeutet eine konzentrierte Verdichtung einer generationenlangen Lebenserfahrung. Er wirkt wie eine konsequente Lehrmeisterin oder wie ein hartnäckiger Meister. Er bremst, hindert und blokkiert »bis zum Geht-nicht-mehr«, solange die betreffenden Angelegenheiten nicht dem Wesen, dem »wahren Willen« einer Person entsprechen. Und er bietet die kraftvollste Unterstützung, ja Schubkraft, Rückenstärkung und Bestätigung über alle Zweifel hinaus an, sobald eine Person ihren Kern, ihr Wesen gefunden hat und daraus handelt.

Jupiter oder Zeus stellt sich demgegenüber als Prinzip der Behauptung und Ausbreitung der individuellen, *persönlichen* Lebensweisheit dar. Jupiter/Zeus ist einmal der mächtige Göttervater, der seinem Willen und seinen Anschauungen zum Erfolg zu verhelfen weiß. Er schlüpft in vielerlei Gestalt von Tier und Mensch, um seine Wünsche zu verwirklichen. Dort tritt er als Gott des Donners und des Blitzes auf, was seiner Macht gewaltigen Nachdruck verleiht. Zugleich findet sich in der Gestalt des Zeus aber auch der Mythos vom »göttlichen Kinde« wieder. Im Rückgriff auf ältere Überlieferungen berichtet der Mythos, wie der Götterknabe Zeus in einer Höhle geboren, wie er von der Ziege Amaltheia und der Biene Melissa genährt wurde und wie er schließlich seine Herrschaft auf dem Olymp errichtete.

Jedes Kind, das geboren wird, verkörpert noch heute, wie der Zeus/Jupiter der Vorzeit, den Anbruch einer neuen Generation, einer neuen Ära. Nicht nur die Intuition ist ein besonderes Geschenk des Himmels. Sondern grundsätzlicher: Jupiter (Zeus) und damit der Schütze betonen den göttlichen Funken, der in jeder/m von uns steckt. Der von Jupiter (Zeus) regierte Schütze unternimmt alles, was diesem himmlischen Funken, diese an die einzelne Person geknüpfte Erfahrung von Unendlichkeit und Ewigkeit Unterstützung und Nahrung verleiht. Die klassischen Umschreibungen von Jupiter/Schütze finden hier ihren Dreh- und Angelpunkt: Bildungsstreben, Philosophie, Religion dienen der Ausdehnung der Erfahrung des himmlischen Ursprungs. Reiselust, Welterkundung und Suche nach Wundern und fantastischen Begebenheiten verhelfen dazu, Spuren des Unendlichen im eigenen Leben zu vergrößern und weiterzuverfolgen. Mit Großmut, Gönnertum und einem großherzigen Verständnis geben Schütze und Jupiter sich selbst als Geschenk weiter, suchen aber auch nach einer Bestätigung für ihre ureigenen Ziele.

Der Titanenkampf zwischen Jupiter und Saturn hat die gesamte Vorstellungswelt der Astrologie für einen langen Zeitraum ihrer Geschichte geprägt. Der göttliche Himmel und die kreatürliche Erde standen sich unversöhnlich gegenüber, wobei die Astrologie Partei für den Himmel ergriff. Der Titanenkampf bedeutete auch eine antagonistische Frontstellung von Vater und Sohn (oder von Vater und Kind) – eine Auffassung, die weit über die Astrologie hinaus das »bürgerliche« Weltbild bestimmte. Am bekanntesten für diese Sicht einer unvermeidlichen »tödlichen« Rivalität zwischen Vater und Sohn ist der von Sigmund Freud so empfundene und so benannte Ödipus-Komplex. In der Astrologie hat jedoch, in der einen wie in der anderen Bedeutung, der Kampf der Giganten, seine dominierende Rolle eingebüßt. Die Entwicklung der Bedeutungsgeschichte der Astrologie zeigt eine veränderte Sicht jenes Wechselspiels von generationenalter, aus Erfahrung gewonnener Lebensweisheit (Saturn) und von »göttlich«-inspirierter, intuitiv gewonnener und eigenwillig vorgetragener Lebensweisheit (Jupiter).

Jupiter und Saturn, Schütze und Steinbock stehen nicht bloß unversöhnt gegeneinander. Es gibt Berührungen und gegenseitige Ergänzungen, vor allem aber einen gemeinsamen Wendepunkt, welcher beide Prinzipien verbindet. Dieser gemeinsame Bezugspunkt ist *das Feuer im Innern der Erde*. In ihrem Kern ist die Erde glühend-flüssig, und dieses Licht aus der Finsternis oder der »Glanz des Dunklen« überbrückt den vormaligen Gegensatz von himmlischem Feuer und unerleuchteter Erde. »Wär nicht das Auge sonnenhaft, die Sonne könnt' es nie erblicken!« heißt es bei Goethe. Und wären nicht bereits Feuer und Licht in der Erde, wie könnte sie erleuchtet werden?

Diese Erkenntnis, daß das Licht nicht nur als Sonne der Erde gegenübersteht, sondern als Urfeuer bereits *in ihr* enthalten ist, stellt den Inhalt der Weihnachtsbotschaft dar. (»Die Erde kann erlöst/erleuchtet werden, weil sie Erlösung/Erleuchtung bereits in sich trägt.«) In dieser Erkenntnis liegt auch die Bedeutung der Wintersonnenwende, die als Naturschauspiel den Hintergrund für die religiöse Weihnachtssymbolik abgibt. Auf diesen Wendepunkt, auf dieses Bindeglied zum Steinbock, arbeitet der Schütze hin bzw. darauf laufen die Logik und der Weg des Schützen im Tierkreis hinaus.

Die traditionellen Feste, welche im Schütze-Monat gefeiert werden, legen davon gleichfalls Zeugnis ab. Das Lichterfest am 13.12. (Lucia) ist ein Vorschimmer des Weihnachtslichtes. Die »Barbara-Zweige« (3.12.) sind Vorboten des immergrünen Weihnachtsbaumes. Sie vertreten dieselbe Bedeutung wie dieser viel besungene »Tannenbaum«: Das Leben geht weiter (»es geht weiter, es geht voran«), auch im kältesten Winter. Es steckt eine ungeheuer vitale Lebenskraft *in* der Erde und so auch *in* uns allen. Diese Lebenskraft ist das Feuer. Von diesem weiß auch der *Nikolaus* zu berichten, wenn er (am 6.12.) »draußen vom Walde« herkommt, wo er »auf allen Tannenspitzen« gesehen hat, daß »goldene Lichter blitzen«.

In der traditionellen Doppelgestalt von Nikolaus und Knecht Ruprecht erkennen wir den alten Gegensatz von Jupiter und Saturn wieder, welcher heute jedoch eine neue Bedeutung gewonnen hat.

Die Doppelnatur des Feuers

Im Schützen (als dem beweglichen Feuerzeichen) kommt das Element Feuer an seine äußerste Grenze. An seinen Grenzen aber findet es zu seinem Ursprung zurück, zu seiner Doppelnatur als Geschenk des Himmels und als Sproß der Erde. Diese Doppelnatur des Feuers hat sich immer schon in der Darstellung des Schützen, etwa als Zentaur oder als Wilder Reiter, gefunden. Die Zentauren sind ein mythisches Doppelwesen, mit menschlichem Oberkörper und Pferdeleib. Die Figuren des Wilden Reiters oder der Wilden Reiterin (von den bogenschießenden Amazonen der Antike bis zu manchen modernen Cowboy-Mythen) bringen dieselbe Verbindung von Mensch und Tier (von »himmlischem« und »irdischem« Feuer) zum Ausdruck. Nikolaus und Knecht Ruprecht sind nur ein weiterer Ausdruck für die Zweiseitigkeit des Feuers.

Obwohl diese Doppelnatur zum Urbild des Schützen von Anfang an dazugehörte, so hat doch das spätere Verständnis Roß und Reiter getrennt. Indem das himmlische Feuer der Begeisterung gelobt und das »animalische« Feuer der Triebe verdrängt wurde, entstand jener Gegensatz, welcher im Titanenkampf von Jupiter und Saturn, von göttlichem Kinde und mißgünstigem Altvater ein Kolossalgemälde erhielt. Die Versionen vom tragisch-schuldhaften Kind (Ödipus) oder vom verherrlichten Vater (Gott) stellten Kehrseiten jener Anschauung dar. Die Wehmut, das Fernweh und die manchmal schier unstillbare Sehnsucht, die wir in zahlreichen Beschreibungen als typische Schütze-Merkmale antreffen, spiegeln den existentiellen Wunsch der Feuerkräfte in uns, jene verlorene Einheit von Roß und Reiter auf eine neue Art wiederzuerlangen.

»Du siehst, wie du siehst«

Der Schütze in den Bildern des Tarot

Tarot-Karten besitzen eine lange Geschichte. Doch noch nie haben sich so viele Menschen wie heute die Tarot-Karten gelegt. Und noch nie geschah dies in der heute üblichen Form, daß man *selbständig* die Karten bewegt und eine bedeutungsvolle und dennoch relativ offene oder assoziative Interpretation der Bilder und Symbole vornimmt, die am ehesten mit der *Traumdeutung* zu vergleichen ist.

Wahrsagerei und klassische Esoterik spielen in den gegenwärtigen Tarot-Gebrauch hinein. Aber es ist etwas Neues, etwas Besonderes, was sich unter dem Namen »Tarot« verbreitet hat und das im deutschsprachigen Raum derzeit Millionen von Menschen zu den Karten greifen läßt. Die wesentlichen Quellen für die aktuelle Popularität des Tarot waren – neben kleineren spirituellen und esoterischen Gruppen – in den 1960er Jahren die Hippie-Bewegung und in den 1970er Jahren die Frauenbewegung. Heute läßt sich das Interesse am Tarot keineswegs mehr einer bestimmten Szene, gewissen Geschlechts-, Berufs- oder Altersgruppen zuordnen; es ist zu einem Teil der Alltagskultur geworden. Manche Beobachter/innen stehen relativ fassungslos vor diesem Phänomen, sortieren es entweder unter die Rubrik »neuer Aberglauben« oder in die Schublade »Esoterik-Welle« ein. Doch dies wird der vorherrschenden Tarot-Praxis nicht gerecht.

Verständlich wird die heutige Bedeutung des Tarot jedoch in vieler Hinsicht durch die Schütze-Symbolik. Dieses Kartenlegen ist ein anschauliches Beispiel dafür, wie das Schütze-Prinzip in uns wirkt. Deshalb soll im folgenden das Tarot-Kartenlegen etwas eingehender betrachtet werden.

Zur Vorstellung des Tarot

Tarot, das ist ein Päckchen mit jeweils 78 Bild- und Symbolkarten. Wenn Sie Tarot noch gar nicht kennen, blättern Sie zunächst dieses Kapitel einmal durch und lesen Sie die Hinweise zum praktischen Kartenlegen auf S. 81ff. Die ersten Tarot-Karten stammen aus der Renaissance-Zeit. Sie entstanden um 1430–1460 in Oberitalien und etwas später in Südfrankreich. Die Bilder und Symbole, also der Inhalt der Karten, sind wesentlich älter. Mittelalterliche, antike (z.B. klassisch-griechische) und frühgeschichtliche (z.B. babylonische) Motive finden sich im Tarot vereint. Eine inhaltliche oder weltanschauliche Interpretation der Tarot-Karten beginnt jedoch im wesentlichen erst mit dem 19. Jahrhundert. 1781 erscheint in Paris das erste »Deutungsbuch« zur Tarot-Symbolik (von A. Court de Gebelin).

Innerhalb der Symbolik des Tarot unterscheiden sich vor allem zwei Gruppen von Karten: Große und kleine *Arkana* (»Geheimnisse«). Wir begegnen *großen Stationen* des Lebens – wie »Liebe, Tod und Teufel«, dem »Gericht« sowie dem »Narren«, dem »Eremiten«, dem »Magier« und vielem mehr. Daneben zahlreichen *kleinen Stationen* des Alltags, die in Gestalt der Symbolreihen der Stäbe, Kelche, Schwerter und Münzen (oder Scheiben) auftreten, welche einerseits den vier Farbreihen der bekannten Kartenspiele und andererseits den vier Elementen entsprechen.

Im Gebrauch des Tarot herrschen verschiedene Anwendungsbereiche vor. Bildmeditationen und Assoziationsexperimente (etwa zu psychologisch-therapeutischen Zwecken) gehören ebenso dazu wie die illustrative Nutzung des Tarot in Romanen, Erzählungen, in Kunst und Gebrauchsgrafik. Eine sinnbildliche Funktion besitzt das Tarot, wenn etwa jedem Tierkreiszeichen oder einem Geburtsdatum nach einem bestimmten Verfahren gewisse Tarot-Karten zugeordnet werden.

Geheimnisvolle Bilder

Im Mittelpunkt des großen aktuellen Interesses steht jedoch das eigentliche Kartenlegen. Dabei wird auf eine selbstgewählte Frage hin »blind« eine Anzahl von Karten gezogen und nach einem der vielen Legemuster ausgelegt. Die ausliegenden Bilder zusammen beantworten die gestellte Frage. Dabei ist sowohl die Bedeutungsgeschichte, also die in Büchern nachzulesenden Kartenerklärungen, wie auch die ganz spontane und persönliche Sichtweise der Karten im gegebenen Augenblick am Zustandekommen der gesuchten Antwort beteiligt.

Das Faszinierende ist, daß das Tarot-Kartenlegen *funktioniert*, daß es zu Antworten und Einsichten führt, welche genauso zu bedenken und zu prüfen sind, wie alle sonstigen persönlichen Erkenntnisse auch – nur daß sich hier oftmals eine völlig überraschende, unbekannte oder unerklärliche Logik offenbart, die so fremd und doch so vertraut erscheint, wie es auch bei Träumen oft der Fall ist. Nicht selten gewinnt man sogar den Eindruck, als würde diese Logik, die scheinbar aus den Karten spricht, eine/n besser kennen als man selbst.

Diese häufig so verblüffende Wirkungsweise des Tarot-Kartenlegens muß man selbst ausprobiert haben. Sie ist auf der einen Seite völlig real; man hat buchstäblich die Karten selbst in der Hand. Zugleich ist es eben oftmals auf eine wunderbare und zauberhafte Weise den vertrauten Begriffen enthoben, was man dabei erlebt.

In das Tarot-Kartenlegen ist deshalb viel hineingeheimnist worden. Diverse anonyme Wesenheiten oder »kosmische Mächte« wurden bemüht, um das Abenteuer des Tarot einerseits rasch wieder in griffige Kategorien und andererseits ins Unerfindliche zu drängen. Besser ist es, den Widerspruch zwischen gewohnter Realität und der »Anderswelt« der Tarot-Erfahrung zunächst einmal bestehen zu lassen, ihn auch als einen (inner-)persönlichen Widerspruch zu begreifen und sich sodann, aus der eigenen Erfahrung heraus, einem persönlichen Verständnis des Tarot-Kartenlegens anzunähern.

An dieser Stelle sollen drei Faktoren hervorgehoben werden, die zu diesem Verständnis beitragen können.

1. Der schöpferische Zufall

Den »Zufall« in seiner Rolle als schöpferischen Faktor oder einfach als bedeutungsvollen Teil der Lebenswirklichkeit anzusehen und sich deshalb mit ihm auseinanderzusetzen, dies hat das Tarot-Kartenlegen nicht erfunden; es betreibt die Arbeit mit dem Zufall in spielerischem Ernst nur mit Methode und Absicht. Als Orakel verstanden, leben im Tarot-Kartenlegen uralte Traditionen wieder auf und weiter. Gleichzeitig ist es eine Spezialität der Kunst und der Wissenschaften des 20. Jahrhunderts, daß sie auf eine neue Art die Rolle des Zufalls in ihr Kalkül oder in ihre Produktion mit einschließen. Auch hier gilt: Was lange Zeit Thema für wenige war, wird nunmehr zum Erfahrungsgut für viele. Tarot trägt dazu bei, den schöpferischen Umgang mit dem Zufall zu popularisieren.

Den *Augenblick* in seiner Bedeutung zu verstehen, ist namentlich für den Schützen wichtig. Ebenfalls kommt es der Logik des Schützen entgegen, wenn sich vielerorts anstelle der früheren Pauschalurteile (entweder »Alles ist Zufall« oder »Es gibt keinen Zufall«) eine beweglichere und adäquatere Auffassung verankert hat, die da lautet: *»Ich sehe einen Zusammenhang«*.

2. Bewußtes Erbe

Im Tarot begegnen uns – wie in anderen Symbolsprachen auch – traditionelle Leitbilder. Eine Fülle von Charakteren, von typischen Situationen und Stationen des Lebens, von Begriffen und Bewertungen künden von einer generationenlangen Welt- und Selbsterfahrung, die sich in bestimmten Bildern und Symbolen verdichtet hat. Wenn man, wie es in der Konsequenz des Schützen liegt, an Lebenskunst, an Selbstverwirklichung sowie an kreativer Bildung interessiert ist, ist die Begegnung mit dem kulturellen Erbe lohnend und letztlich unverzichtbar. Je mehr man nach individuellen Ausdrucksformen, nach einem persönlichen Lebensweg sucht, umso mehr braucht man gewisse festgesetzte Erfahrungswerte, welche außerhalb der eigenen Person bestehen und an welchen man sich spiegeln und unterscheiden kann.

Dieser Aspekt der Selbstbegegnung stand eindeutig im Vordergrund, als in den frühen 1980er Jahren der beispiellose Tarot-Boom seinen Anfang nahm. Heute ist der Selbsterfahrungsansatz für manche Einsteiger weitaus weniger selbstverständlich, als dies für die Tarot-Spieler/innen vor 10–15 Jahren der Fall war. Allerdings war oder ist auch vielen »alten Hasen« wenig bewußt, daß die Tarot-Karten gerade deshalb funktionieren, weil sie das Eigene *im Spiegel des Anderen* zeigen. Die Ausführungen von Elias Canetti (S. 20 f.) über die heilsame Wirkung von Bildern treffen hier ganz auf die Bild- und Symbolwelten des Tarot zu.

3. Die eigene Sichtweise erkennen

Dieser Punkt betrifft nun den Schützen ganz besonders. Erst im Laufe dieses Jahrhunderts hat sich die *bildhafte* Betrachtung der Tarot-Karten durchgesetzt. 1910 wurde das erste Tarot-Spiel – das Rider-Waite-Tarot – veröffentlicht, das nicht nur die 22 »großen« oder Trumpfkarten, sondern durchgängig alle 78 Tarot-Karten mit symbolischen Bildern ausstattete. Für die neue Tarot-Begeisterung in den letzten Jahren und Jahrzehnten war die bildhafte Wahrnehmung der Karten bereits eine Selbstverständlichkeit.

Insofern wir *Bildern* begegnen, unterscheidet sich das Tarot grundsätzlich von Wahrsagerei und schulmäßiger Esoterik, welche jeweils mit engumrissenen, festgelegten Bedeutungen pro Karte arbeiten. Ein Bild läßt sich nicht einfach durch Definitionen ausschöpfen; die Begegnung mit einem Bild ist jeweils auch eine subjektive, persönliche und situationsbezogene Angelegenheit. Dieses mehr oder weniger *unmittelbare Erlebnis* der eigenen Anschauungen und Betroffenheiten – jenseits und im Vorfeld festgelegter Begriffe und Bewertungen – hat unzählige Menschen am Tarot fasziniert und beflügelt sie auch weiterhin.

Kunst des Schauens

Das selbständige Tarot-Kartenlegen ist ganz wesentlich eine Kunst des Schauens. Der Spannungsmoment beim praktischen Kartenlegen läßt sich, wie der Verfasser an anderer Stelle ausgeführt hat, »wie ein Abtauchen in tiefere Schichten der Person verstehen. So wie man sich manchmal ins Bett legt und deutlich empfindet, daß man sich mit dem Schlaf einem anderen Raum überläßt, von dem man nicht weiß, was in ihm geschehen wird. Oder die Parallele zu der Situation, wenn man in einem nicht völlig dunklen Zimmer aus dem Schlaf erwacht und sofort die Augen öffnet. Man sieht etwas, aber (er)kennt es nicht, obwohl es vielleicht sogar das eigene Zimmer ist. Es dauert eine Weile (die lang erscheint, obwohl es oft nur Sekundenbruchteile sind), bis man bestimmte Dinge als solche erfaßt, und dann noch einmal eine Weile, bis man die wahrgenommenen Dinge wieder in bekannten Formen und Bedeutungen sieht. Der Augen-blick wirkt in solchen Situationen gedehnt, wie in Zeitlupe, und zugleich wirkt er verdichtet, weil in winzigen Zeitabschnitten buchstäblich ungeheuer viel durchlebt wird.« Das selbständige Tarot-Kartenlegen gleicht damit, bezogen auf den Alltag, einem Wahrnehmungstraining; es spielt immer wieder elementare Voraussetzungen der persönlichen Welt-

Anschauung durch: »Was fällt Dir an dem auf, was vor Dir liegt? Wie siehst Du eigentlich das, was Du siehst, und wie kommst Du darauf? Was bedeutet es Dir? Wofür ist es ein Zeichen? Was sagt Dir das und was willst Du damit tun?«

Somit zeichnet sich an der neuen Tarot-Welle – im Lichte der Schütze-Thematik – insgesamt ein Bedürfnis ab, mit »neuen Augen« zu sehen. Wie es der Filmemacher Wim Wenders einmal benannte: »Wenn man doch nur so filmen könnte, wie man manchmal die Augen aufmacht: Nur schauen, ohne irgendetwas beweisen zu wollen.« Auf der anderen Seite kann das Tarot-Kartenlegen für den Schützen auf dem Weg der Selbstfindung eine besondere Hilfe und Klärung darstellen.

Der Schwerpunkt liegt in diesem Kapitel nun auf überlieferten und aktuellen Bedeutungen der speziellen Schütze-Karten des Tarot. Diese geben weiteren Aufschluß über die allgemeine Symbolik des Schützen in uns. (Und für das praktische Kartenlegen werden durch die Klärung der Bedeutungsgeschichte einzelner Karten die *Voraussetzungen*, d.h. jener Spiegel geschaffen, in welchem man sich selbst gegenübertreten kann.)

Tarot und Tierkreiszeichen

Widder: IV-Der Herrscher, XVI-Der Turm, Königin der Stäbe, Stab 2, Stab 3, Stab 4

Stier: V-Der Hierophant, III-Die Herrscherin, König der Münzen (Prinz der Scheiben), Münzen (Scheiben) 5, 6 und 7

Zwillinge: VI-Die Liebenden, I-Der Magier, Ritter der Schwerter, Schwert 8, Schwert 9, Schwert 10

Krebs: VII-Der Wagen, II-Die Hohepriesterin, Königin der Kelche, Kelch 2, Kelch 3, Kelch 4

Löwe: VIII-Kraft (= XI-Kraft/Lust), XIX-Die Sonne, König (Prinz) der Stäbe, Stab 5, Stab 6, Stab 7

Jungfrau: IX-Der Eremit, I-Der Magier, Ritter der Münzen (Scheiben), Münzen (Scheiben) 8, 9 und 10

Waage: XI-Gerechtigkeit (= VIII-Gerechtigkeit/Ausgleichung), III-Die Herrscherin, Königin der Schwerter, Schwert 2, Schwert 3, Schwert 4

Skorpion: XIII-Tod, XX-Gericht (= XX-Äon), König (Prinz) der Kelche, Kelch 5, Kelch 6, Kelch 7

Schütze: *XIV-Mäßigkeit/Kunst, X-Rad des Schicksals/Glück, Ritter der Stäbe, Stab 8, Stab 9, Stab 10*

Steinbock: XV-Der Teufel, XXI-Die Welt/Das Universum, Königin der Münzen (Scheiben), Münzen (Scheiben) 2, 3 und 4

Wassermann: XVII-Der Stern, 0-Der Narr, König (Prinz) der Schwerter, Schwert 5, Schwert 6, Schwert 7

Fische: XVIII-Der Mond, XII-Der Gehängte, Ritter der Kelche, Kelch 8, Kelch 9, Kelch 10

Tarot-Karten für den Schützen

Nach einem heute weit verbreiteten Verfahren, welches vor rund 100 Jahren der Golden-Dawn-Orden, eine englische Rosenkreuzer-Vereinigung, entwickelte, werden jeder Tarot-Karte bestimmte astrologische Konstellationen zugeordnet (vgl. Anmerkung S. 144f.). Zu jedem Tierkreiszeichen gehören danach sechs Karten, die zusammen ein Bild für das betreffende Zeichen ergeben.

Für den Schützen sind dies die Karten:

- XIV-Mäßigkeit/Kunst
- X-Rad des Schicksals/Glück
- Ritter der Stäbe
- Stab 8
- Stab 9
- Stab 10.

Sie sehen diese Kartenbilder in der Darstellung des Rider-Waite-Tarot (Seite 58f.), des Crowley-Tarot (S. 60f.) und des »Ancien Tarot de Marseille« (S. 62f.). Weltweit gibt es derzeit über 300 verschiedene Sorten Tarot-Karten. Davon sind diese drei Spiele mit Abstand die bekanntesten. Die Art der Darstellung unterscheidet sich von einem Tarot-Spiel zum anderen bisweilen erheblich. Gemeinsam haben die verschiedenartigen Bildgestaltungen jeweils einen oder mehrere thematische Bezugspunkte. Sie verkörpern auf unterschiedliche Weise eine selbe Situation. Nur der Zugang erfolgt von verschiedenen Richtungen aus. – Wenn Ihnen Tarot-Karten zur Verfügung stehen, benutzen Sie diese bei den folgenden Bildbetrachtungen.

Rider-Tarot

Das Rider-Tarot wurde von Pamela Colman Smith und Arthur E. Waite entwickelt und erschien 1910 im Londoner Verlag Rider.
Abbildungen: XIV-Mäßigkeit und X-Rad des Schicksals

Abbildungen: Ritter der Stäbe – Stab 8 – Stab 9 – Stab 10

Crowley-Tarot

Lady Frieda Harris und Aleister Crowley stellten dieses Tarot 1943 fertig. Auf gedruckten Karten erschien es zuerst 1969 in den USA.
Abbildungen: XIV-Kunst und X-Glück

Abbildungen: Ritter der Stäbe – Stab 8 – Stab 9 – Stab 10

Marseiller Tarot

Die hier abgebildete Ausgabe des »Ancien Tarot de Marseille« wurde, auf der Basis älterer Vorlagen, 1930 in Paris veröffentlicht.
Abbildungen: XIV-Mäßigkeit und X-Rad des Schicksals

Abbildungen: Ritter der Stäbe – Stab 8 – Stab 9 – Stab 10

Die Flügel der Sehnsucht

Abbildungen: Karte XIV-Mäßigkeit/Kunst Rider-, Crowley- und Marseiller Tarot (v.l.n.r.)

Die »Mäßigkeit« zählte im Altertum neben Gerechtigkeit, Tapferkeit und Klugheit... zu den vier Kardinaltugenden. Im Crowley-Deck wurde der Titel in »Kunst« umbenannt. Trotz unterschiedlicher Gestaltungsformen entsprechen und ergänzen sich die Bilder in ihren Bedeutungen. »Mäßigkeit« bedeutet ein persönliches *Maß der Dinge*: Man studiert die Dinge in ihrer Verhältnis-Mäßigkeit und gestaltet sie nach geeigneter Zweck-Mäßigkeit.

Der lateinische Spruch auf der Crowley-Karte lautet: Visita Interiora Terrae Rectificando Invenies Occultum Lapidem. Das heißt: »Suche die inneren Bereiche der Erde auf; wenn du es richtigmachst (in gerader Richtung, in richtiger Absicht handelst), wirst du den verborgenen Stein finden«. Der verborgene Stein ist der berühmte Stein der Weisen, jenes Herzstück, welches die Alchemisten zu entdecken suchten. Nun – der Stein der Weisheit ist die Weisheit des Steins. In der Erde ist Feuer; davon kündet jeder Stein, wenn man ihn als »harte« Form begreift, in der es dennoch lebt. Was heute Teil der Allgemeinbildung ist – daß jede feste Masse unter gewissen Voraussetzungen ein Äquivalent, ein gleichwertiger Ausdruck für bestimmte Energiemengen oder Energiemuster darstellt –, war für die Alchemisten vor einigen hundert Jahren der *springende Punkt*, den sie erahnten (aber noch nicht einlösen konnten): Die Verwandlung von »grobstofflicher« in »feinstoffliche« Materie und umgekehrt.

Das Feuer, das wir vom Himmel ererbt haben, findet seine Entsprechung im Feuer, welches in der Erde enthalten ist. Und von daher versteht sich die Aufforderung, das Innere der Erde zu besuchen. Alle drei Kartenbilder zeigen die Aufgabenstellung, mit den *beiden* Seiten des Feuers umzugehen und das richtige Maß, die geeignete Mischung im Umgang mit den Feuerkräften zu finden.

Die Karten machen auch Warnungen deutlich: Die Gestalt des Engels in der traditionellen Darstellung und die Gespaltenheit der großen Figur im Crowley-Bild illustrieren die Gefahren der Welt- oder der Selbstverlorenheit. Der Stein bedeutet in der Deutung nach C. G. Jung ein Symbol des Selbst. Der »verborgene Stein« bedeutet also auch das unbekannte Selbst. Aufgabe der »Mäßigkeit« – und des Schützen – ist es, das bewußte Ich und das unbewußte Selbst zu einem Ganzen zu integrieren. Das innere Feuer eines Menschen soll sich auch nach *außen* ausdrücken können, und das äußere Tun soll dem inneren Feuer Genüge schaffen. Wenn Ich und Selbst zueinanderfinden, wird der »wahre Wille« eines Menschen deutlich. Und der wahre Wille ist nach esoterischer Überlieferung eine weitere Bedeutung des »verborgenen Steins«.

Der Weg, diesem Willen Gestalt zu verleihen, besteht nicht im Mittelmaß und nicht in einer vorwiegend auf Ausgleich oder allzu eilfertig auf Demut ausgerichteten Mäßigkeit, wie in der Tarot-Literatur dennoch desöfteren zu lesen ist. Die Engelfiguren ermutigen eher zu *großen* Schritten, zu einer persönlichen Ausdehnung, welche Himmel und Erde verbindet, wie es ein Engel symbolisch darstellt. »Think big, trau Dich, hab Mut zu Deinen Träumen und Wünschen!« lauten u.a. die Botschaften der Karte in einer konkreten Auslage. Der Hinweis auf die Demut ist richtig. Aber erst wenn man sich große Ziele vornimmt, erfährt man mit Recht seine Grenzen und seine Wenigkeit – und staunt, was diese dennoch zu erreichen vermögen.

Die Kunst der Mäßigkeit – und die Aufgabe des Schützen – bestehen darin, Widersprüche in ein richtiges Maß zu setzen; Widersprüche, wie zwischen Wunsch und Wirklichkeit, zwischen Einsicht und Augenschein, weder zu verleugnen noch in eine gespaltene Lage zu bringen, wo die linke Hand nicht mehr weiß, was die rechte tut. Daraus entsteht eine kunstvolle, produktive Spannung, in welcher viel Energie eingebracht und umgesetzt werden kann. Das Kraftfeld, welches somit erwächst und pulsiert, bedeutet eine gesteigerte Lebensintensität und eine erhöhte Einsicht in die Natur der Dinge. Anzeichen dafür sind das dritte Auge bzw. der geflügelte oder geschmückte Scheitelpunkt am Kopf der Bildfiguren.

Vom Glück, ein eigenes Schicksal zu besitzen

Abbildungen: Karte X-Rad des Schicksals/Glück Rider-, Crowley- und Marseiller Tarot (v.l.n.r.)

Je weiter Fähigkeit und Bereitschaft, mit Widersprüchen kreativ umzugehen, wachsen, umso mehr lernen wir es, die Dinge so zu nehmen, wie sie sind, und dennoch (und gerade deshalb) dem persönlichen Willen zum Erfolg zu verhelfen. Der Versuch, die Dinge zu manipulieren oder sich und anderen etwas vorzumachen, um den eigenen Willen zu schützen, wird insoweit überflüssig. Die beiden Fähigkeiten, die Dinge des Lebens ohne Scheuklappen zu betrachten *und* herauszufinden und zu beherzigen, was man wirklich will, hängen auf eine schicksalhafte Art miteinander zusammen.

Schicksal wird oft als Einschränkung verstanden. Noch in der hoffnungsvollen Ermutigung, sein »Schicksal als Chance« zu begreifen, wird stillschweigend als erste Instanz ein *Leiden* am Schicksal vorausgesetzt. Damit tut man im allgemeinen seinem Schicksal jedoch Unrecht.

Man muß unterscheiden: Jedes Schicksal bietet Anlässe der Freude und der Trauer. Im persönlichen Leben gibt es Phasen, wo die Trauer überwiegen kann. Auch im Leben einer Gesellschaft kann zu manchen Zeiten übermäßig viel Trauer vorhanden oder erforderlich sein, und solche Zeiten haben wir, unsere Eltern oder Großeltern in diesem Jahrhundert der Weltkriege reichlich gehabt. Dennoch: Trauer ist nicht Leiden. Die Trauer sieht einem bestimmten Schicksal ins Auge. Das Leiden aber schaut weg und findet weder zu sich noch zum Schicksal ein Verhältnis.

Sicherlich gibt es wiederum genügend Situationen, in denen die Kraft oder die Erfahrung fehlen, den Dingen ins Auge zu schauen. Für den Schützen ist es deshalb wichtig, sich mit dem Skorpion auseinander zu setzen, auf welchen er in der Reihenfolge des Tierkreises aufbaut; der Skorpion kennt viel von den Geheimnissen der Freude und der Trauer.

Doch es bestehen auch spezielle Gründe in der Eigenart des Schützen, die ihm Widerstand leisten, wenn er die Dinge sehen will wie sie sind.

In der Terminologie (Begrifflichkeit) von Sigmund Freud findet sich der Ausdruck von den »Triebschicksalen«; »Triebe erleiden Schicksale« heißt es dort an typischer Stelle. Das Feuer ist das Element und Lebensfluidum des Schützen, es speist sich – auch – aus seinen Trieben. Auf den weiteren Tarot-Karten des Schützen sehen wir Pflanzentriebe aus Stäben wachsen. Diese Pflanzentriebe kennzeichnen die Stäbe, welche dem Feuer Nahrung geben, sie sind ein Sinnbild u.a. für die menschlichen Triebe.

Während der bewußte Wille auf unerwünschte Begebenheiten beweglich reagieren kann, so empfinden die unbewußten Triebe jene als Einschränkungen und Versagungen. Je mehr Einsicht wir in unsere unbewußten Seiten gewinnen, um so eher finden wir verträgliche Lösungsmöglichkeiten auch für die feurigen Triebe in uns, welche ihr Schicksal dann nicht mehr erleiden müssen, sondern mit Freuden feiern und, wo nötig, mit Trauer beweinen können. Im Bild der »Mäßigkeit« finden wir dieses Ziel in der Beidseitigkeit, in der Nutzung der bewußten und der unbewußten Willens- und Triebkräfte wieder. Und bei der folgenden Karte »Ritter der Stäbe« sehen wir uns vor die Aufgabe gestellt, uns in *Roß und Reiter* zu erkennen.

Das »Rad des Schicksals«, so der traditionelle Titel der Karte X, fordert uns dazu auf, das eigene Schicksal anzuschauen und die Zusammenhänge zu verstehen, welche zwischen so vielfältigen Einzelerscheinungen, wie besonders das Rider-Bild sie zeigt, und der Betroffenheit der eigenen Person bestehen.

Farbe bekennen und Feuer zeigen

Abbildungen: Karte Ritter der Stäbe
Rider-, Crowley- und Marseiller Tarot (v. l. n. r.)

Im Tarot existieren vier Symbol- oder Farbreihen: Stäbe, Kelche, Schwerter und Münzen (Scheiben). Diese besitzen jeweils eine Doppeldeutung. Alles, was einer/m assoziativ und plausibel zu einem dieser Symbole einfallen mag, kann beim praktischen Kartenlegen die vordergründige, doch durchaus zutreffende Bedeutung angeben. Schwerter können beispielsweise als Zeichen des Kampfes oder der Ritterlichkeit gesehen werden und die Stäbe, die hier infrage kommen, als Phallussymbole, als Knüppel oder Fackeln, als Wanderstöcke und Werkzeuge, als Pflanzlinge, Sprößlinge oder Wurzeln, als Brennstoff, Baumaterial u. a.m. Auf einer zweiten Deutungsebene vertreten die vier Farbreihen im Tarot die vier Elemente Feuer (Stäbe), Wasser (Kelche), Luft (Schwerter) und Erde (Münzen/Scheiben, vgl. S. 30 f.).

Der »Ritter der Stäbe« handelt mit der ganzen Kraft des Feuers: Mit dem bewußten Willen wie mit den unbewußten Trieben. »Einsicht und Begeisterung« sind hier wechselseitig gefordert. Die kreisförmigen Salamander auf dem Kleid des Ritters im Rider-Bild verweisen auf den Läuterungsprozeß des Feuers. Vom Salamander heißt es, er könne durchs Feuer gehen, ohne darin umzukommen. Dies gilt für die Figur des Ritters der Stäbe insgesamt – und damit auch für den Schützen. Er schafft es nicht nur, durchs Feuer zu gehen, er *braucht* sogar solche Feuerproben oder Feuertaufen immer wieder. Bei aller begeisterten Einsicht im Verhältnis zwischen Roß und Reiter bleibt doch der Unterschied zwischen bewußten und unbewußten Trieb- und Willenskräften grundsätzlich bestehen. Wir können einen bewußten Umgang mit unseren unbewußten Seiten entwickeln. Aber beide Seiten benötigen auch ihr Eigenleben, sonst verliert der Reiter sein Pferd und muß zu Fuß gehen, oder das Pferd büßt mit seinem Ritter auch jene Ziele und Richtungen ein, welche jenseits der Instinkte liegen.

Der Ritter muß also auch dem Pferd eine gewisse Eigendynamik zugestehen (was das Crowley-Bild u. a. demonstriert), und so gilt für ihn, für den Schützen in uns, der Satz: »Wie kann ich wissen, was ich will, ehe ich sehe, was ich tue!« Der Schütze muß aus sich herausgehen, sein Inneres nach außen tragen, nicht ohne Rücksicht auf Verluste, aber ohne Rücksicht auf bestimmte Vor-Erwartungen oder Vor-Urteile. Er muß handeln, bevor er weiß warum und zu welchem Resultat. Darin liegt der sogenannte Optimismus – mit stetem Bewegungsdrang und Blick nach vorn – beim Schützen begründet: Im Kern handelt es sich weder um notorischen

Optimismus noch um eine Flucht in die Zukunft: Sondern der Schütze kann Menschen, Dinge und Ereignisse erst in dem Moment erkennen, wo etwas geschieht! Hier treffen wir die Intuition in ihrer bedeutungsvollsten Form an: Nicht allein als andächtige oder theoretische Betrachtung, sondern als Einheit von Einsicht, Begeisterung und Aktion. Einsicht führt zur Aktion und das Handeln zur Einsicht.

Diese Einheit, welche aus der Seelenverwandtschaft von »himmlischem«, bewußtem Feuer und »animalischem«, unbewußtem Feuer entspringt, ist die größte Stärke des Schützen. Und doch auch seine ärgste Herausforderung. Denn mehr als einmal hat er sich schon verbrannt, wenn er die Zügel zu sehr schleifen ließ; und mehr als einmal hat er sich öde, ungelenk und allzu langweilig gefunden, wenn er sein Pferd zusehr an die Kandarre nahm.

Die Feuerproben sind für den Schützen jedoch unvermeidlich und unverzichtbar, wenn er sich ganz erfahren und letztlich *sich selbst ins Auge* schauen will. Aber kraft seiner Intuition kann er diese auch bewältigen. Der Preis für einen Verzicht auf die Feuerproben wären Antriebslosigkeit, Unentschlossenheit, Ziellosigkeit oder eine bedeutungslose Beliebigkeit in der Zielfindung und Motivwahl. Mehr noch: Schütze/Jupiter stehen für das Edle – für feine Absichten, Edelmut und vortreffliche Erfolge. Wenn es ihnen damit ernstgemeint ist, brauchen sie den Weg durchs Feuer. Denn dort scheidet sich das Feine vom Groben, sondert sich der »verborgene Stein aus dem Inneren der Erde« in Gold und Schlacke.

Koordinationsaufgaben

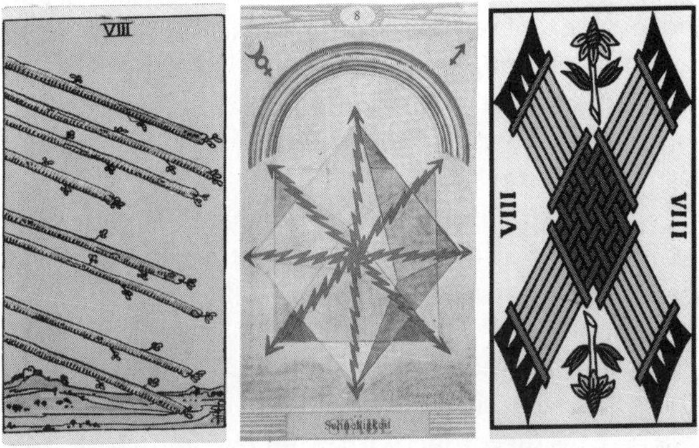

Abbildung: Karte Stab 8
Rider-, Crowley- und Marseiller Tarot (v. l. n. r.)

Die »Acht Stäbe« können eine Situation der »Schnelligkeit« anzeigen, der schnellen Bewegung; aber auch des schnellen Wechsels. Der Titel der Crowley-Karte greift nur eine Deutung heraus. Wie die Bilder zeigen, können sich die Stäbe hier gegenseitig beflügeln oder aber in der Wirkung aufheben. Verpuffende Energien, »viel Rauch um nichts« sind weitere Aspekte der Karte.

Eine Grundfrage des Schützen besteht darin, wie er mit vielfältigen und widersprüchlichen Energien umgeht. Unterstützung und Hemmung, die er für seinen Willen und seine Triebe in der Außenwelt findet, sind (nicht nur, doch auch) ein Spiegel dafür, wie er die vielen Flammen, die aus seiner Mitte entspringen, zu koordinieren versteht. Der Schütze besitzt viele Neigungen und Interessen, die vom Herzen kommen und ihn zu den unterschiedlichsten Zielen führen. Diese verschiedenen Energien *gleichzeitig* zu bewegen; ihnen wie im Rider-Bild einen gemeinsamen Weg vorzuschlagen; oder diese Energien, wie im Crowley-Bild, zu einem großen Spannungsbogen zu vereinen, – erfordert eine aufmerksame Koordination und eine bewegliche Einsatzleitung. Entscheidend ist der Merkur, welcher hier dem Schützen zugeordnet wird.

> Die drei sogenannten »Zahlenkarten« innerhalb der sechs Tarot-Karten, welche einem jeden Tierkreiszeichen zugeordnet sind, (hier Stab 8, Stab 9 und Stab 10) sind jeweils durch eine astrologische Konstellation gekennzeichnet, welche nach alter Tradition einer der Dekaden des betreffenden Zeichens zugeordnet wird. Konkret: *Stab 8* besitzt die Zuordnung »Merkur in Schütze«; diese Konstellation gilt seit der hellenistischen Astrologie besonders für die erste Dekade (Zehn-Tages-Periode) des Schützen vom 22.11.–1.12. – *Stab 9* besitzt die Zuordnung »Mond in Schütze« und entspricht besonders der zweiten Schütze-Dekade vom 2. bis 11.12. – *Stab 10*, Zuordnung »Saturn in Schütze«, entspricht vor allem der dritten Schütze-Dekade vom 12.–20.12. – Solche diversen *Entsprechungen* im praktischen Handeln zu koordinieren, ist u. a. Thema der vorliegenden Karte Stab 8.

Merkur bedeutet vor allem persönliche Vernunft und eigenen Verstand. Diese Kräfte geben dem Schützen die Fähigkeit, wie eine Orgelspielerin oder wie der Dirigent eines großen Orchesters, viele Energiequellen gleichzeitig zu bedienen. Er verfügt über eine hervorragende Auffassungsgabe. Kritische Grenzwerte erreicht dieses

Talent immer dann, wenn der Schütze seinen unbewußten Triebkräften zuviel oder zuwenig freien Lauf läßt. Bekommen mit Merkur Vernunft und Verstand ein zu großes Übergewicht, dann fehlt dem Schützen die Erfahrung, »Es« und die Dinge einfach einmal laufen oder sausen zu lassen. Ist der Merkur zu schwach entwickelt, gleicht der Schütze einem Jongleur, der seinen vielen Bällen hinterherhetzt.

Motivwahl und Zielsuche

Abbildung: Karte Stab 9
Rider-, Crowley- und Marseiller Tarot (v. l. n. r.)

Die »Neun Stäbe« können eine Station der »Stärke« anzeigen. Sonne und Mond (im Crowley-Bild an Kopf und Fuß des großen Stabes) können sich zu einer kraftvollen Allianz verbinden, wenn es gelingt, unbewußte und bewußte Triebkräfte an einem Strange ziehen zu lassen. Allerdings können Sonne und Mond, Tag und Nacht sich wie Gegner gegenüberstehen; dann bedeutet diese Karte eine »Stärke« nur insofern, als hier starke Hindernisse und kraftvolle Widersprüche in Erscheinung treten.

Mit der Konstellation »Mond in Schütze« wird die unbewußte oder Nachtseite des Willens, der persönlichen Feuerenergien im weitesten Sinne, hervorgehoben. Ein Gegensatz zwischen dem, was man sich vom Bewußtsein her wünscht, und jenem, was man unbewußt will, meldet sich hier zu Wort. So ist auch die menschliche Figur im Rider-Bild zu verstehen, wenn wir die Kopfbinde als Zeichen dafür deuten, daß das Bewußtsein leicht »angeschlagen« ist: Man muß neu wählen, welcher »Stab« einer/m wirklich wichtig ist, und neu festlegen, in welche Richtung der Weg weiterführt. In dieser Situation besteht eine besondere Chance, den inneren Willen und die intuitiven Einsichten in ihren praktischen Bedeutungen zu verstehen.

Wenn sich die Intuition (Auge/Wille, Sonne) mit der inneren Stimme (Seele, Mond) verbindet, ist dies die ideale Voraussetzung dafür, die persönlich richtigen Motive und Zielsetzungen zu finden und in die Tat umzusetzen. Dabei ist allerdings vorausgesetzt, daß Intuition und innere Stimme jeweils für sich und miteinander »stimmen«. Die Intuition kann dem Augenschein aufsitzen, und die innere Stimme mag alte Vorbehalte, die inzwischen bedeutungslos geworden sind, formulieren. Sonne und Mond oder Intuition und innere Stimme sind für den Schützen wie Kimme und Korn! Er kann und muß den Augenblick ausloten, auf leise Bewegungen und auf verborgene Signale achten, damit er hört und sieht, was stimmt.

Die Quellen dieser besonderen »Stärke« des Schützen (zugleich auch eine seiner spezifischen *Herausforderungen*) sind erstens die Wachheit, die aus der Lebendigkeit des Feuers entspringt, und sodann ein feines Unterscheidungs- und Deutungsvermögen, welches aufmerksam und offen die Übergänge zwischen Tag und Traum, zwischen äußerer Sicht und innerer Einsicht wahrnimmt.

Erfolgsbilanz

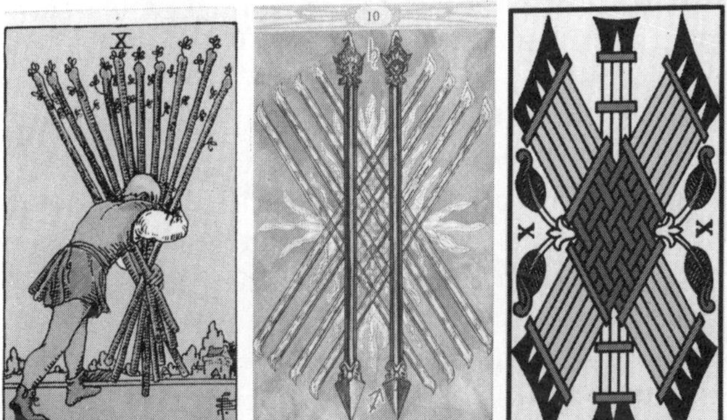

Abbildungen: Karte Stab 10
Rider-, Crowley- und Marseiller Tarot (v.l.n.r.)

Die »Zehn Stäbe« stellen eine Situation der Erfüllung und zugleich eine Grenzsituation des Feuerelementes dar. Die »Zehn« ist Ziel und neuer Ausgangspunkt der Symbolreihe der Stäbe. Mit Saturn wird der Erfolg der Bemühungen bilanziert. Falsche Zielvorstellungen, auch solche, die man schon lange vor sich hergetragen hat, können hier an einen Punkt gelangen, wo nichts mehr geht. Geeignete Wünsche und Absichten jedoch, die mit konsequentem Nachdruck und hundertprozentigem Einsatz vorgetragen werden, finden ihre erfolgreiche Bestätigung.

»Saturn in Schütze«, die dieser Karte zugeordnete Konstellation, entspricht dem Titanenkampf von Jupiter und Saturn. Kein Wunder, daß der Titel der Crowley-Karte »Unterdrückung« lautet. Die traditionelle Deutung kannte, wie bereits dargestellt, nur die Unterwerfung des einen Prinzipes unter das andere; und Crowley bleibt ungeachtet seiner sonstigen Ambitionen in der Betitelung seiner Karten meist konventionell (vgl. Anm. S. 145 f.).

Das Crowley-Bild zeigt jedoch mehr als sein Titel verkündet. Die Stäbe *können* sich wechselseitig blokkieren und durchkreuzen. Sie stellen aber *auch* ein komplexes Energiemuster, ein hintergründiges Kraftfeld dar, das – markiert durch die zwei hervorgehobenen Stäbe – einen Kanal findet, in welchem sich die starken Energien gebündelt und gerichtet ausdrücken können. Das Crowley-Bild (und ähnlich das Marseiller Bild) zeigt, so gesehen, nichts anderes als die Rider-Karte. Dort erkennen wir bildhaft die Darstellung eines *Energiebündels*. – Nein, eigentlich sind *zwei* Energiebündel zu sehen: Die zusammengefaßten Stäbe stellen gebündelte, in einem Punkt konzentrierte und auf der anderen Seite entflochtene, differenzierte Feuer-Energien dar. Die menschliche Gestalt, welche diese Stäbe vorwärtsträgt, muß selbst ein Ausbund an Willens- und Triebkraft sein.

Die Haltung dieser Figur kann auf der einen Seite

sicherlich Überlastung, Bedrückung oder einen Mißerfolg, ganz im traditionellen Sinne, ausdrücken. Das Rider-Bild läßt sich dann auch als eine Situation auffassen, in welcher man vor lauter Bäumen den Wald nicht mehr sieht, wo nichts anderes hilft, als Ballast abzuwerfen und von Grund auf neuen Kontakt zu seinem Feuer aufzunehmen. Auf der anderen Seite aber zeigt die Rider-Karte ganz sinnbildlich, was es heißt, mit aller Kraft seinen *Neigungen* zu folgen. Man muß sich vollständig hineingeben. Wie das Vorwärtskommen auf einem steilen Bergweg erleichtert wird, wenn man sich etwas nach vorne fallen läßt, so trägt auch die menschliche Gestalt in diesem Bild die Früchte ihrer Bemühungen umso leichter nach Hause, als sie sich ganz den Stäben zu-neigt, welche ihr gleichsam ans Herz gewachsen sind. So hat sie die Nase vorn.

Das Haus am Bildrand der Rider-Karte wird zumeist als Ziel verstanden, auf welches der Mensch mit den Stäben sich noch zubewegt. Diese Interpretation ist möglich und plausibel. Zusätzlich muß jedoch in Betracht gezogen werden, daß – namentlich im Rider-Tarot – ein Detailsymbol exemplarisch für das gesamte Bild stehen kann. In dieser Betrachtung *ist* der Mensch bereits zuhause. Das Haus signalisiert, daß die Bildfigur – und schließlich der Schütze in uns – dort und dann sein Zuhause findet, wo er alle seine Kräfte einsetzen, wo er »hundert Blumen« blühen lassen und wo er vielfältige Neigungen und Ziele miteinander verbinden kann. Hier ist er Mensch, hier kann er's sein. Hier findet der Schütze zu sich selbst. Er ist nicht mehr, wie es ein Problem der »Mäßigkeit« sein kann, ein Engel auf Erden, der sich eigentlich fehl am Platze fühlt. Er überwindet die Spaltung, die sich noch im Bild der »Kunst«

zeigen mochte, indem er die Kräfte seines Willens, seiner Intuition und seiner Triebe praktisch betätigt und fruchtbar macht.

Saturn kann der große Feind des Jupiter/Schützen sein. Aber jener kann diesem auch helfen, auf den Punkt zu kommen, was er und wohin er wirklich will. Die Verbindung von Feuer und Erde gibt dem Feuer dauerhafte Nahrung und der Erde eine lebendige, erwachte Beweglichkeit. Die Übergänge zwischen Himmel und Erde, zwischen Oben und Unten werden deutlich greifbar. Dies zeigt die Rider-Karte im Bild des Menschen, der begreift und erfaßt, was ihn bewegt; und dies demonstriert ebenso das Crowley-Bild in den zwei markanten Stäben, welche die »Doppelnatur« des Feuers (Materie und Energie) darstellen, die ihrerseits Oben und Unten verbindet, Wille und Notwendigkeit als parallele Kräfte erschließt.

Tarot-Kartenlegen

Sie können sich den Tarot-Karten, deren Bildern und Symbolen so nähern, wie Sie sich auch Träumen, (fantastischer) Kunst oder intellektuellen Rätseln nähern. Dazu gehört die Symboldeutung, aber auch der Mut, den Gefühlen und den manchmal unbekannten Wirklichkeiten der eigenen Person ins Auge schauen. Man beginnt am besten mit der »Tageskarte«. Morgens oder abends wird täglich oder doch einigermaßen häufig eine Karte gezogen – als Symbol, als Motivierung oder als besinnlicher Reflex des persönlichen Tagesgeschehens. Die Bedeutungen dieser Tageskarten sollen zunächst individuell und intuitiv erfaßt werden. Später können zusätzliche Interpretationen aus der Tarot-Literatur zu Rate gezogen werden. Zwei (der zahlreichen) Muster für das weitere Tarot-Kartenlegen:

[2] [1] [3]

1 – Aktuelle Situation
2 – Vergangenheit oder das, was schon da ist
3 – Zukunft oder das, was neu zu beachten ist.

[5]

[2] [1] [3]

[4]

1 – Schlüssel oder Hauptaspekt
2 – Vergangenheit oder das, was schon da ist
3 – Zukunft oder das, was neu zu beachten ist
4 – Wurzel oder Basis
5 – Krone oder Chancen

Eine Auslage für den vielgestaltigen Schützen:

Auslage »*Keltisches oder Sonnenkreuz*«

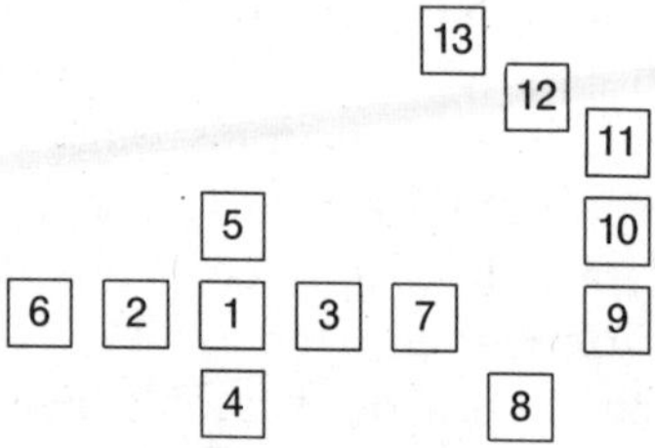

1 – Signifikator, Thema der Frage, Du selbst
2 – Unmittelbare Ergänzung zu 1
3 – Gegensatz oder weitere Ergänzung zu 1
(die ersten 3 Karten geben die erste, zentrale Antwort)
4 – Wurzel, Basis
5 – Krone, Chancen
6 – Vergangenheit oder das, was schon da ist
7 – Zukunft oder das, was neu zu beachten ist
(Besinnung auf die Karten 1 – 7: Sie geben bereits eine abgerundete Antwort oder Mitteilung)
8 – Zusammenfassung, Spiegel, Akzentuierung der Karten 1 – 7; Deine innere Kraft, Dein Unbewußtes
9 – Hoffnungen und Ängste
10 – Umgebung und Einflüsse von außen; Deine Rolle nach außen

11 Resumée oder ein Faktor, auf den Du besonders
12 aufmerksam gemacht wirst, der bereits vorhan-
13 den ist und für Deine Frage besondere Bedeutung
gewinnen wird. –
(Schlußbetrachtung; Quersumme)

Zum praktischen Vorgehen:

- Benutzen Sie alle 78 Karten eines Tarot-Spiels. Die Sitte, nur 22 Karten zu verwenden, stammt aus der Zeit von vor 1910, als für nur 22 Karten (die sog. Großen Arkana) Bilder existierten. Heute ist die generelle Beschränkung nicht mehr sinnvoll.
- Überlegen Sie sich Ihre Frage, die Sie nun an die Tarot-Karten richten möchten. Für die Art der Frage gibt es keine zwingenden Ge- und Verbote.
- Wichtig ist zu wissen: Die Karten wirken wie ein Spiegel. Sie können Fragen über zweite und dritte Personen stellen. Die Antwort der Karten schließt dabei stets Ihr Verständnis und Ihr Verhältnis zu diesen Personen mit ein. Wenn Sie Fragen über andere Personen stellen, sind dennoch auch Sie selbst mit im Spiel.
- Mischen Sie die Karten, wie Sie es gewohnt sind. Alle verpflichtenden Vorschriften (Kartenziehen mit links; Mischen durch Rühren auf dem Tisch usw.) sind Humbug. Nichts gegen ein persönliches Ritual. Aber keine verpflichtenden Vorschriften.
- Legen Sie nach einem Legemuster aus, das Sie zuvor ausgewählt haben. Sie können dazu Legemuster aus der Literatur benutzen, aber auch eigene entwerfen (vor einer Kartenbefragung).

- Ziehen Sie die Karten, wie Sie es gewohnt sind. Legen Sie sie verdeckt in Form des Legemusters vor sich hin.
- Die Karten werden dann (im Normalfall) einzeln aufgedeckt. Erst wenn die Betrachtung und Interpretation einer Karte beendet ist, soll die nächste aufgedeckt werden.
- Alles, was während einer Kartenbefragung geschieht, kann zum Inhalt der gesuchten Antwort gehören.
- Die Antwort auf diese Frage geben alle Karten einer Auslage zusammen.

»Gelebte Träume sind die besten Träume«

Der Schütze in der Traumdeutung

Wenn wir im Schlaf träumen, ist der ganze Mensch daran beteiligt. Vielfach ist die Auffassung verbreitet, Träume brächten im wesentlichen seelische und gefühlsmäßige Prozesse zum Ausdruck. Doch diese Vorstellung ist zu eng, sie wird den vielseitigen Aspekten des Träumens nicht gerecht. Außer dem Seelen- und Gefühlsleben ist auch der Geist an der Traumproduktion beteiligt: Die Gehirntätigkeit und die *geistige* Aktivität lassen im Schlaf nicht nach. Sie verlaufen nur in anderen Bewegungsformen als im Wachzustand; sie gehören wie das Atmen zum menschlichen Leben. Die *Körper*funktionen rufen bestimmte Traumbilder mit hervor und werden ihrerseits von diesen beeinflußt. – Unter dem Betrachtungswinkel des Schützen besteht das Faszinierende der Träume gerade darin, daß sie von der *Fortdauer des Lebendigen* künden. Auch im Schlaf – der gelegentlich als »kleiner Tod« bezeichnet wird – geht »Es« weiter. Das *Schauen* hört auch in dunkler Nacht nicht auf. Die – geschlossenen – Augen sind aktiv am Schlaf- und am Traumverhalten beteiligt. Der göttliche Funke der Intuition und des »geistigen Auges« wirkt auch und besonders im Zustand des Unbewußten.

Die Traumdeutung ermöglicht eine aufgeschlossene und zugleich vor-sichtige Zuwendung zum Bereich des Unbewußten. Dieses »System Ubw.«, wie Freud es gerne nannte, entspricht innerhalb einer Person jenen »inneren Bereichen der Erde«, für welche die Tarot-Karte »Mäßigkeit/Kunst« die Empfehlung ausgibt, man solle sie besuchen und richtig behandeln, dann werde man den »verborgenen Stein« entdecken. In unseren Träumen begegnen wir – auch – dem »Feuer in der Erde«. Verborgene Willens- und Triebkräfte, verdrängte oder unbekannte Seiten des persönlichen Feuers bewegen uns, begegnen uns im Traum.

Wie sich inzwischen herumgesprochen hat, träumt jeder Mensch im Schlaf während verschiedener Traumphasen. Nur die Erinnerungsfähigkeit und die persönliche Bereitschaft, seinen Träumen einen Platz im Tagesbewußtsein einzuräumen, sind sehr unterschiedlich ausgeprägt. Wie die Gedanken sich in einem permanenten Fluß befinden, so zieht auch an unserem inneren Auge, nie gänzlich unterbrochen, ein Strom von Bildern entlang. Die Nachtträume stellen nur einen ausschnittsweisen Teil dieser inneren Bilderwelten dar.

Psychologen haben im Experiment herausgefunden, daß ein konsequenter *Traumentzug* innerhalb von wenigen Tage zu schweren Persönlichkeitsstörungen führt. Mittels des EEG und anderer Meßinstrumente kann ein äußerer Beobachter festellen, wann ein Mensch im Schlaf zu träumen beginnt. Hindert man ihn nun am Träumen (»nur« am Träumen, nicht am Schlafen) treten am Tage Bewußtseinsstörungen und Halluzinationen auf. Wird der Traumentzug fortgesetzt, kommt es zu Depressionen. Spätestens nach etwa einer Woche andauernden Traumentzuges erfolgt ein völliger seelischer Zusammenbruch. – Träume sind unerläßlich und unersetzlich. Unsere Sprache (bzw. die Erlebnisgewohnheiten, welche dahinterstehen) will es, daß das Wort »Träume« stets im doppelten Sinne der Schlafträume sowie der Wunschträume zu verstehen ist. Träume zu haben, bedeutet, sich seiner Schlafträume erinnern zu können, und auch, Ziele, Wunschvorstellungen und Ideale zu besitzen. Was wäre, wenn die Beobachtungsergebnisse der psychologischen Experimente über den Traumentzug nicht nur für die Schlafträume, sondern auch für die Wunschträume gültig wären?

Alle vier speziellen Symbolsprachen, die Gegenstand dieses Buches sind, können zu einem verbesserten Verständnis der eigenen Persönlichkeit und damit auch der Träume beitragen. Bei jeder dieser Symbolsprachen geht es darum, *erstens* innere Bilder, Fantasievorstellungen usw. überhaupt oder vermehrt in Bewegung zu setzen; dieser Punkt ist als Ergänzung oder als Korrektur besonders für die Menschen wichtig, die davon ausgehen, daß sie »wenig träumen«, »keine Fantasie« besitzen. *Zweitens* handelt es sich bei den Symbolsprachen darum, innere Bilder, Fantasien usw. zu prüfen, zu unterscheiden und zu kanalisieren; dieser Aspekt betrifft besonders all diejenigen, welche eher zuviel als zuwenig »träumen«, welche überbordende Fantasievorstellungen mitbringen. Der *dritte* Gesichtspunkt geht alle Interessierten gleichermaßen an: Er betrifft die sinnvolle Umsetzung der in Traum und Fantasie gemachten Erfahrungen in den bewußten Tagesablauf.

Diese drei Aspekte der Begegnung mit Symbolen sollen im folgenden für die Traumdeutung, mit Blick auf den Schützen in uns, aufgezeigt werden. Dabei sei ein etwas kritischer Gedanke vorangestellt. Wenn es stimmt, daß ein Mensch das Fehlen jeglicher Traumbilder nicht lange verkraften kann, dann sind also Träume nahezu *ständig vorhanden.* Aber nur in seltenen Fällen besitzen wir eine ständige Aufmerksamkeit für die vorhandenen Träume. Die Traumdeutung erfreut sich heute zwar einer großen Popularität. Dennoch: Wieviel Zeit, Mühe und Muße wenden wir für Traumarbeit und Traumpflege auf? Oft nur einen Bruchteil der Energien, welche wir zum Beispiel in die Körperpflege oder die Gedankenarbeit investieren.

Das Träumen erfolgt über weite Strecken unaufmerksam, »so nebenbei« und ungewollt (letzteres im Sinne von unvorbereitet, ohne willentliche Zuwendung und Zustimmung). Das heißt aber auch, wir träumen sehr häufig, ohne es zu beachten, ja, ohne es zu bemerken. Wir träumen mit offenen Augen, auch wenn wir wach und aktiv sind. Wie wäre es nun, wenn uns die Träume *nicht* deshalb den Weg ins Unbewußte weisen, weil *die Inhalte* der Träume besonders unbewußt sind oder bleiben müßten, – sondern weil sie *nur ein Beispiel*, ein Fingerzeig darauf sind, daß wir in wesentlichen Teilen unserer Existenz noch viel zu viel träumen? *It's the singer not the song* (»Es geht um den Sänger oder die Sängerin, nicht um den Song«): Das würde bedeuten, eine Traumdeutung, welche vor allem die Traum*inhalte* deuten und erhellen wollte, hielte sich zu sehr am »Song« auf; ebenso wichtig wäre der »Sänger«, auf den der Traum verweist, – der Mensch, welcher Tag und Nacht träumt, vielfach ohne es zu wissen.

Als erwünschte Konsequenz der Traumdeutung wurden und werden im allgemeinen eine Ausweitung der Traumerinnerung und eine verbesserte Deutung der Trauminhalte angesehen. So verstanden, will die Traumdeutung, daß wir *mehr und besser träumen.*

Aber wenn die Blickrichtung auf den Menschen hinzielt, der im Liegen wie im Stehen voller Träume ist, ohne dies wahrzunehmen, dann liegt die erwünschte Konsequenz der Traumdeutung auch darin, wachzuwerden, die Augen zu öffnen, sich der eigenen Träume gewahrzuwerden und – in diesem Sinne – nicht mehr, sondern *weniger zu träumen* und dafür *mehr und besser zu leben.*

Gelebte Träume sind die besten Träume – für den feurigen Schützen bedeutet Intuition, ob als bewußte Einsicht oder als unbewußte innere Sichtweise, stets auch äußere *Aktion.* Verwirklichte Träume sind die schönsten Träume, wenn persönlich-sinnvolle Wunschträume erfüllt, sinnlose Wünsche und Ängste beseitigt sowie sinnvolle Ängste berücksichtigt werden. *Gelebte Träume sind aber auch die festesten oder hartnäckigsten, wie ein Schlaf oder eine Nacht, welche nicht enden wollen.* Diese muß der Schütze in uns gezielt beenden, um jene zu erreichen.

Traumsymbole des Schützen

Im folgenden nun also zuerst etwas Futter für die Fantasie, um die inneren Bilder und Traumvorstellungen anzuregen: Eine Liste von Traumsymbolen, welche in besonderer Beziehung zur Schütze-Thematik stehen. Die Zusammenstellung erfolgt ohne Anspruch auf Vollständigkeit.

Alle Symbole, welche in diesem Buch dem Schützen zugeordnet werden, wie etwa Auge, Pferd und Stab, können natürlich auch in Träumen auftreten und eine »zusätzliche« Interpretation des betreffenden Traumes im Lichte der Schütze-Symbolik anraten. Auch ist klar, daß auf dem Wege der Assoziation jedem Einzelsymbol sich etliche weitere wie Dominosteine anlegen lassen. Zum »Feuer« etwa: Feuerwerk, Feuerwehr, Feuerzeug, Feuerversicherung, Feuerlauf, Feuervogel, Feuerwasser, Feuer! (als Schieß- oder Startbefehl) und vieles andere mehr. Diese Assoziationen können einen Bogen schlagen zu sehr persönlichen Erlebnissen, welche im betreffenden Traumsymbol mitschwingen.

Augen: Wenn Augen im Traum eine Rolle spielen, ist dies deshalb besonders zu beachten, weil es zu den Lösungsaufgaben des Schützen zählt, sich sehender Weise selbst ins Auge zu schauen. Ähnlich, wie es sehr bedeutungsvoll ist, wenn man im Traum sich selbst als Träumende/r sieht, so kündigt sich eine neue Sicht und eine höhere Warte für ein bestimmtes Traumthema oder für die gegebene Lebenssituation an, wenn man im Traum (seinen eigenen) Augen begegnet. In diesem Zusammenhang ist es interessant, in der Traumerinnerung darauf zu achten, wer wie geschaut hat. Grundsätzlich kann jede Figur, die im Traum auftritt, auch eine Personifikation der oder des Träumenden sein. Auffälligkeiten am Augenmerk, an der Blickrichtung, dem Augenausdruck usw. von »anderen« Menschen im Traum können Annäherungen an die Wahrnehmung der eigenen Sichtweise darstellen.

Auftritte/Lampenfieber: Diese geben im Traum Angst vor Mißerfolg, häufiger aber eine heimliche Furcht vor Erfolg wieder. Zu beachten ist in der Traumerinnerung der Inhalt der Auftritte und die Art der Selbstpräsentation.

Bogen: Tor-, Brücken-, Regenbogen, Bogenschießen u.a.m.: Spannungsverhältnisse, Wandlungsprozesse und Lösungen werden angezeigt. Überbrückung von starken Gegensätzen. Aber auch: Umweg, Vermeidungsverhalten.

Engel: Symbolisiert Sehnsucht, Lust oder Angst hinsichtlich Fliegen, Schweben und »In der Luft hängen«, sexueller oder geistiger Ekstase, persönlicher Überblicks- und Kontrollaufgaben, religiöser Konsequenz und gläubigen Vertrauens.

Entkleiden: Zusammen mit oder neben erotischen Bedeutungen betreffen Entkleidungsszenen eine Auseinandersetzung mit der Frage, was in bezug auf das Thema des Traumes hinter dem Augenschein verborgen liegt. Darin offenbaren sich auch Wunsch oder Widerstand, die Wirklichkeit genauer zu betrachten. – Ein *halbbekleideter* Zustand entspricht dem Zentaur, dem tierisch-menschlichen Doppelwesen, das für den Schützen insgesamt sinnbildlich ist. (Vgl. auch: Der geteilte Mantel des St. Martin, der zur Schütze-Symbolik gehört.)

Enzyklopädie: Stellt Bildungsbedürfnis oder -abwehr dar. Zeigt die Aufgaben, sein Schicksal im größeren Kontext zu verstehen und ein aktiveres oder distanzierteres Verhältnis dazu zu erlangen.

Fernsehen: Wenn man vom Fernsehen träumt, ist in erster Linie von Interesse, was man sieht und dabei erlebt und empfindet. – Das TV-Fernsehen kann jedoch ein Symbol für Hoffnungen und Ängste sein, die damit zusammenhängen, in bezug auf das Traumthema oder die gegebene Lebenssituation *selber* in die Ferne zu schauen.

Feuer: Seelenfeuer, Persönlichkeitsenergie, Wille, Symbol der Lebendigkeit und der Beständigkeit im Wandel. Läuterung und Reinigung durch Zerstörung und Neuschöpfung. Wesentlich am Feuer ist seine ganzheitliche Erscheinungsform, seine unmittelbar ansteckende Wirkung. Im Traum u.a. in der Bedeutung existentieller Sehnsucht nach Ganzheit und von tiefer Scheu vor vorbehaltlosem Einsatz.

Feuerwehr: Feuerwehr-Begegnungen im Traum stellen eine Faszination des Feuers dar, hinter der sich ein Bedrohungsgefühl verbergen kann. Die Befürchtungen können sich auf zuviel (inneres) Feuer beziehen wie auch darauf, daß das Feuer zu sehr eingeschränkt wird. – In beiden Fällen ist es zum Verständnis des Traumes wichtig, sich auf die eigenen Bedürfnisse zu besinnen und von daher die großen Zielsetzungen im Alltagshandeln zu überprüfen.

Gigantisches: Kollosales zeigt im Traum den Wunsch nach oder den Widerstand gegen Vergrößerung von Ansprüchen an sich selbst oder an andere an (vgl. »Held«).

»Großer Bruder«: Ein Traumbild, das mit dem des Auges zusammenhängt. Angst und Widerstand gegen eine allseitige Kontrolle können sich im Traum als geschwisterlicher oder institutioneller Big Brother darstellen. Auch Ausdruck von Potenzängsten oder von ungenutzten Potenzkräften, die das Bild einer fremden Übermacht hervorrufen.

Hüften / Gürtel: Im Zusammenhang mit dem Schützen von Bedeutung als körperliche Entsprechung der Verbindung zwischen Ober- und Unterkörper, zwischen Bewußtem und Unbewußtem, zwischen Trieb und Vernunft.

Irrfahrten: Ein Urbild des Irrfahrers ist Odysseus, der in mancher Beziehung zum Schütze-Archetyp steht. Seine Idee war es, das trojanische Pferd zu bauen. Die List bestand dabei darin, das hölzerne Pferd als Geschenk auszugeben und in diesem bewaffnete Krieger zu verbergen. Wenn wir das Pferd für den Menschen als Symbol der Motorik und der Triebkräfte verstehen, dann hat der Trick des Odysseus damit zu tun, daß er in den »animalischen« Trieben auch verborgene menschliche Wesenszüge entdeckte, die je nachdem feindlich oder hilfreich wirken können. Daß sich hinter dem Augenschein überhaupt ein geheimes, inneres Leben verbergen kann, diese für den Schützen wesentliche Erkenntnis liegt seiner Idee ebenfalls zugrunde. – Irrfahrten im Traum, z. B. über nächtliche Stadtautobahnen, handeln auch heute noch von »trojanischen Pferden«, nämlich von persönlichen und überpersönlichen (kollektiven) Triebkräften, die aus dem Ruder laufen bzw. eine unbekannte Eigendynamik entwickeln. Ein wesentlicher Aspekt derartiger Traumsequenzen besteht in der Deutungsaufgabe, das persönlich richtige Maß von Chaos und Ordnung zu finden sowie einen angemessenen Platz im Alltagsleben in Gruppen und Gemeinschaften einzunehmen.

Held, Superfrau, Supermann: Diese drücken im Traum Bedürfnisse nach Unwiderstehlichkeit, Abenteuer und

Unmittelbarkeit aus. Manchmal bedeuten sie jedoch das gerade Gegenteil: Nicht ein Verlangen, sondern eine Abwehr gegen Abenteuer und wilde Unberechenbarkeit; zum Zwecke dieser Vermeidung wünscht man sich, »alles unter Kontrolle« haben zu können.

Lehrer/Therapeut: Wie Pfarrer und Pastor Symbolgestalten von Sinnsuche und Sinnfindung. Bedeuten im Traum auch Wünsche und Ängste hinsichtlich der eigenen Selbstdarstellung oder der Selbstkritik im wesentlichen Lebensgrundsätzen.

Leuchtturm: Besonders schönes Schütze-Zeichen. Phallussymbol, Augenfeuer, Verbindung und Unterscheidung von oben und unten (Geschlecht und Gesicht). Hilft gegen Irrfahrten.

Pferd: Symbol der Triebkräfte eines Menschen, bringt im Traum Suche oder Abwehr in bezug auf mehr Beweglichkeit, erhöhte Lebensdynamik und gesteigertes Lebensniveau zum Ausdruck.

Phallus: Natürlich steht die sexuelle Bedeutung im Vordergrund. Zusätzlich können sich im Traumbild des Phallus Bedürfnis oder Abwehr in bezug auf einen eigenen Maßstab, auf vitale Selbstbehauptung sowie auf Verwirklichung des persönlichen Willens äußern (vgl. Stab).

Reisen: Auf Reise zu gehen, unterwegs und dennoch (bzw. deshalb) daheim zu sein, stellt ein Grundmotiv des Schützen dar. In diesem Zusammenhang bedeuten Reisen und die Ereignisse in Vor- oder Nachbereitung einer Reise im Traum grundsätzlich Aspekte der persönlichen Zielsuche und Zielfindung. Die Umstände, wie und wohin man im Traum reist, können nähere Anhaltspunkte geben.

Stab: Phallussymbol. Symbol des Halts und natürlicher Macht. Zeigt im Traum eine Auseinandersetzung mit Themen der Selbstfindung und der persönlichen Autonomie an.

Südsee: Verschiedentlich dem Schützen und besonders den Schütze-Frauen als Land der Träume zugeordnet. Andere Länder und Regionen im »Süden« können gleichbedeutend sein. Wenn ein *Traumbild* im Traum erscheint, ist es Zeit, wach zu werden und etwas für die Verwirklichung wichtiger Wunschträume zu unternehmen.

Verwandlung: Verwandlungsszenen im Traum, Wechsel der Erscheinungsformen, entsprechen dem Schütze-Thema, das Leben *in* den Dingen zu schauen. Wie das Feuer beständig in seiner Beweglichkeit ist, so bringen im Traum bewegliche Farben und Formen eine seelische Erfahrung von der Einheit des Lebens in allem Wandel zum Ausdruck.

Wunder: Wunderbare Begebenheiten sind im Traum »normal«. Wenn wir uns im Traum über das Normale hinaus verwundern, stellt dies eine *Grenzüberschreitung* dar, in bezug auf das Traumthema, die Lebenssituation oder den *Stellenwert der Träume* für die eigene Person insgesamt.

Vorschläge zur Traumbeobachtung

Für das selbständige Verständnis Ihrer Träume (und wenn es nötig ist: auch für die Distanz zu ihnen) sollen folgende Tips und Regeln vorgeschlagen werden:

Alles ist wichtig, so lautet ein erster Grundsatz. Aufmerksam jedes Detail, jeden Zusammenhang beachten. Woran erinnern Sie sich nach dem Traum? Was fühlen Sie im Moment des Gewahrwerdens? Vergessen Sie erst einmal jede Bewertung. Hauptsache, Sie sehen in ihrer Vorstellung einigermaßen das vor sich, wovon Sie wohl geträumt haben. Hauptsache, Ihr Gefühl und Ihre Empfindungen finden im halb- oder ganzwachen Zustand die Bilder, Eindrücke und Abläufe aus ihren Träumen wieder.

Führen Sie die Kamera. Sobald Sie ihre Traumbilder genügend deutlich vor ihrem geistigen Auge sehen, gehen Sie in die einzelnen Bilder hinein. Stellen Sie sich vor, Sie seien ein Beleuchter, der eine Szene nach unterschiedlichen Richtungen ausleuchtet, oder eine Kamerafrau, die die Szene nacheinander von mehreren Standpunkten aus betrachten kann.

Achten Sie auf Ihre Beobachtungen. Oft passieren in einer Traumsequenz mehrere Handlungen zugleich. Unterschiedliche Argumente, Ereignisse, Gefühle und Taten können gleichzeitig wirken. Vesuchen Sie zu unterscheiden. Halten Sie fest, was für Sie wichtig erscheint.

Seien Sie ehrlich sich selber gegenüber. Legen Sie sich Zeugnis davon ab, was Sie im Traum gesagt und getan, gespürt und gedacht haben. Alles ist wichtig. Keine/r kennt Ihren Traum außer Ihnen. Stellen Sie für sich fest, was (Traum-)Sache ist.

Drücken Sie den Ablauf eines Traumes in Ihren Worten aus. Sagen (oder schreiben) Sie sich in Worten und Sätzen die Traumgeschichte auf. Wenn es sein muß, kurz. Aber verzichten Sie nicht darauf.

Speichern Sie Ihren Traum. Merken Sie sich nun Ihren Traum mit seinen Bildern und Eindrücken, mit seinen verschiedenen Szenen und Ihren Beobachtungen. Merken Sie sich die Traumgeschichte, wie Sie sich auch eine Einkaufsliste merken.

Legen Sie Abstand zu Ihrem Traum ein. Sie kennen jetzt Ihren Traum. Stellen Sie sich vor, irgendein guter Freund oder eine gute Freundin hätte ihn just Ihnen erzählt. Wie würden Sie darüber urteilen? Was denken Sie, und was tun Sie unterdessen?

Sammeln Sie Ideen zur Bewertung. Bevor Sie den Traum bewerten, sammeln Sie Ideen, welche Bedeutungen hier vernünftiger- und verrückterweise zutreffen können.

Versuchen Sie die Logik oder Unlogik zu verstehen. Wenn der Traum insgesamt – mit seinen verschiedenen Teilen, Brüchen oder Widersprüchen – einen Sinn oder auch einen bestimmten Unsinn darstellen soll, worin kann diese Logik oder Unlogik bestehen?

Entscheiden Sie sich für eine geeignete Interpretation. Kommen Sie zu einer Entscheidung. Was unklar bleibt, darf unklar bleiben. Nur merken sollten Sie sich dieses. Gibt es mehrere stimmige Interpretationen, merken Sie sich diese Stück für Stück, und legen Sie ihre nächsten Schritte fest.

Sagen Sie sich Ihre Interpretation. Leise oder laut – sprechen Sie Ihr Urteil unzweideutig aus.

Stellen Sie (zwei) Aufgaben fest, die sich aus der Interpretation ergeben. Formulieren Sie diese Aufgaben unmißverständlich für sich und beginnen Sie mit der Erledigung.

Geben Sie sich Rechenschaft. Legen Sie sich regelmäßig Rechenschaft ab – über Ihre Traumbilder und Ihre Beobachtungen dazu. Über Ihre Interpretationen (Bedeutungsvorstellungen) und die Erledigung Ihrer persönlichen Aufgaben.

Beziehen Sie sich auf die Reaktionen von Mitmenschen. Vergegenwärtigen Sie sich Reaktionen von anderen auf Ihr Verhalten. Lassen Sie diese gelten und beziehen Sie sie in Ihre Selbst-Rechenschaft mit ein.

Beziehen Sie sich auf Ihre sonstigen Träume und Überzeugungen. Beziehen Sie sich bei Interpretation, Anwendung und Überprüfung (Rechenschaft) auf Ihre früheren oder sonstigen Auffassungen.

Beziehen Sie sich auf Ihre Wünsche und Ängste. Kämpfen Sie und lachen Sie. Es tut gut, wenn man weiß, warum man schaut und warum man träumt: Um in vollem Maße Mensch zu sein.

Weitere Hinweise

Umkehrungen und Vertauschungen gehören generell zum Traumgeschehen. Sie bedeuten, daß jeder erdenkliche Zusammenhang in verkehrter Proportion, in vertauschter Abfolge oder verwechselter Wirkungsrichtung auftauchen kann. Der Täter erscheint z. B. als Opfer, oder der Mittelpunkt am Rande, der Hintergrund im Vordergrund, die Zukunft in der Vergangenheit usw. Eine bekannte Szenerie nimmt eine völlig unbekannte Bedeutung an – Vertrautes findet unter unmöglichen Umständen statt usw. usw.

Personentausch ist ein zentrales Element der Traumbildung. Jede Person, die im Traum auftritt, kann

- die sein, für die sie sich ausgibt bzw. als die sie im Traum angesehen wird, oder
- eine Darstellungsform der eigenen Person der Träumerin oder des Träumers sein oder
- eine dritte Person vertreten oder
- etwas Unpersönliches verkörpern.

Selbst wenn diese Person im Traum ein bekannter Mitmensch ist (Partnerin, Kind, Kollege), kann diese Traumperson dennoch eine Art Verkleidung für die Person der/des Träumenden sein oder an jemand ganz anderen erinnern oder Unpersönliches – z. B. eine Idee – zur Vorstellung bringen.

Personalauswahl. Achten Sie einmal darauf, über eine gewisse Zeit hinweg, wer in Ihren Träumen erscheint. – Sehen Sie sich selbst in voller Lebensgröße in Ihren Träumen? – Wenn sich in Träumen Unangenehmes häuft, wer tritt dabei vorzugsweise auf? Wenn Schönes sich im Traum ereignet, welche Personen sind da?

Zeitverschiebungen. Jede/r kann sich selbst als Kind, Erwachsene/r und Greis/in im Traum begegnen. Jedes Alter kann der Gegenwart im Traum entsprechen.

Ortsveränderungen. Jede/r kann sich an jedem Ort, von dem er/sie überhaupt Kenntnis hat, im Traum wiederfinden. Jeder Ort im Traum kann symbolisch der tatsächlichen Lage und dem momentanen Standpunkt der Träumerin oder des Träumers entsprechen.

Belebung von Unbelebtem. Was die Märchen und der Computer-Bildschirm können – Unbelebtes zum Leben animieren, das machen die Träume wie selbstverständlich auch. Dinge sprechen oder schweigen beredt. Räume erzeugen Spannungsfiguren usw. Ferner hängt mit der Animation von Unbelebtem auch eine Auflösung der üblichen Eigenschaftsmerkmale von allem Möglichen zusammen. Farben erzeugen dann z. B. Klänge, Worte verströmen Gerüche, Pferde beginnen zu fliegen, Fische zu laufen und Vögel zu schwimmen.

Ein Besuch beim Alten Zauberer

Die aufmerksam-kritische *Beobachtung* der persönlichen Träume ist das wichtigste Mittel zur praktischen Umsetzung von Träumen. Bei der Beobachtung ist es wichtig, die Traumbilder möglichst unparteiisch zu betrachten, sie so aufzunehmen wie sie sind. Traumerinnerung, -deutung, -bewertung und -umsetzung sind jeweils verschiedene Paar Schuhe. Je deutlicher die Unterscheidung, desto fruchtbarer die Ergebnisse.

Zusätzlich zur Traumbeobachtung besteht jedoch die Möglichkeit, in bestimmte Bild- und Fantasievorstellungen hineinzugehen, sich dort zu bewegen, mit dort vorhandenen Figuren zu reden usw. Was für das Denken die geistigen Experimente, das sind für das intuitive Schauen die Fantasiereisen. Sie ermöglichen einen Dialog mit eigenen Fantasie- und Projektionsfiguren und erlauben, Erlebnismöglichkeiten vor dem geistigen Auge durchzuspielen.

Im folgenden finden Sie als Anregung eine Fantasiereise, welche die Hinwendung zum praktischen persönlichen Lebensweg unterstützen kann. Es handelt sich um einen »Besuch beim Alten Zauberer«.

Zum Ablauf: Lesen Sie den folgenden Text der Fantasiereise (quasi den »Reiseprospekt«) mehrmals durch, bis Sie ihn sinngemäß auswendig können. Oder sprechen Sie ihn, mit Pausen bei den Gedankenstrichen, auf eine Cassette, welche Sie später ablaufen lassen können. – Nehmen Sie sich nun etwas Zeit und sorgen Sie dafür, daß Sie in Ihrer Muße einstweilen nicht gestört werden. – Entspannen Sie sich und sammeln Sie sich. Setzen oder legen Sie sich bequem hin. Atmen Sie tief und ohne Anstrengung. Und schließen Sie die Augen.

Sie gehen auf einer großen Straße, auf der viele Menschen unterwegs sind. – Pause. – Sie gehen auf dieser großen Straße. Viele Menschen sehen Sie da. – Während Sie noch vorangehen, erkennen Sie auf einer Seite einen Weg, der von der Straße abführt. – Sie gehen in diesen Weg hinein, und während Sie weiterschreiten, bemerken Sie, daß der Weg in einen Wald führt. – Sie sehen das Grün der Bäume und spüren die frischere Luft. – Der Weg wird ein wenig schmaler, die Bäume werden dichter. Sie betrachten im Gehen den Weg und die Bäume und folgen ihren Schritten. – Der Weg führt um eine Biegung. Wie Sie vorangehen, bemerken Sie weiter vor sich eine Bewegung. – Sie gehen weiter und erkennen eine Lichtung, auf welche der Weg zuführt. – Sie kommen näher, und allmählich sehen Sie einen großen Felsen, einen Felsberg am Rande der Lichtung. – Während Sie an die Lichtung herankommen, sehen Sie den Alten Zauberer, der vor dem Felsen steht. Sie betreten die Lichtung und begrüßen den Alten Zauberer. – Dieser schaut kurz zu Ihnen hin. Und während Sie den Alten Zauberer musternd betrachten, stellen Sie ihm eine Frage: ..... – Er antwortet Ihnen: .... – Sie bedanken sich für seine Antwort. Und während Sie sich anschicken, wieder umzukehren, gibt der Alte Zauberer Ihnen etwas mit; es ist ein ..... – Sie nehmen es und verwahren es bei sich. Sie wenden sich um und gehen den Weg zurück. – Sie schreiten gut voran. – Sie kommen um eine Biegung. – Im Gehen betrachten Sie den Weg und die Bäume. – Der Weg wird ein wenig breiter, die Bäume werden weniger dicht. Sie sehen das Grün der Bäume und spüren die frische Luft. – Und während sie weiterlaufen, bemerken Sie, daß der Weg allmählich auf eine große Straße zuführt. – Sie gehen weiter. Nun nähern Sie sich der Straße, und als Sie die große Straße erreichen, begrüßen Sie sie für sich – und gehen in die Straße hinein. – Auf der Straße sind viele Menschen unterwegs. Sie sehen sie, während Sie darauf schauen, wo Sie hinwollen. – Sie schauen und damit gehen Sie weiter. Sie gehen weiter. – Pause. – Nun beenden Sie Ihre Fantasievorstellung. – Atmen Sie tief und ohne Anstrengung. – Stellen Sie sich den Raum vor, in dem Sie sitzen oder liegen. – Pause. – Bewegen Sie sich ein wenig. – Öffnen Sie nun wieder die Augen. – Sammeln Sie sich und entspannen Sie sich. – Pause. – Schalten Sie allmählich um, auf das, was Sie als nächstes tun werden.

Hoch-Zeiten des Lebens

Der Schütze im Spiegel des Märchens

Aus der Sammlung der Brüder Jacob und Wilhelm Grimm wurde im folgenden das Märchen »Die goldene Gans« ausgewählt, weil darin interessante Parallelen und Ergänzungen zur Schütze-Symbolik in Astrologie, Tarot und Traumdeutung enthalten sind. Viele der Grimm'schen Märchen sind den meisten Menschen unseres Sprachgebiets bekannt; sie werden in der vorliegenden Buchreihe deshalb für die Märchendeutung exemplarisch herangezogen.

Die »Kinder- und Hausmärchen« der Brüder Grimm erschienen erstmals 1812–14. Das ist etwa die Zeit, in der Goethes »Faust« (1. Teil) und E.T.A. Hoffmanns »Elixiere des Teufels« veröffentlicht wurden. Der Titel »Kinder- und Hausmärchen« ist manchmal im Sinne der Harmlosigkeit mißverstanden worden. Es stimmt auch sicherlich, daß die Brüder Grimm etliche Märchen so bearbeitet haben, daß manch anstößige Stelle »weggebügelt« wurde. Doch das ist nur ein Aspekt.

Der Titel muß auch so verstanden werden, daß mit der Märchensammlung erstmals »Kinderkram und Hausintimitäten« eine literarische und sprachliche Bedeutung erhielten. Wie das Volk zur gleichen Zeit um seine Rechte und die Deutschen um ihre nationale Existenz kämpften, so drückt das Lebenswerk der Brüder Grimm auch ein *Ringen um »Luft«*, um freien Atem und freie Rede aus. Dafür nahmen die »Märchenonkel« z. B. in Kauf, daß sie wegen Teilnahme am Protest der »Göttinger Sieben« amtsenthoben und ausgewiesen wurden.

Märchen, bis dato nicht druckfähig und in der Schriftwelt daher *sprachlos*, bekamen nun ein Sprachrohr. Wie die einfachen Stände zunehmend Bildung und Wissenschaft für sich einforderten und erwarben, so war die Sammlung und Veröffentlichung der Märchen *auch* ein Akt der Emanzipation.

Der Grund für die Begeisterung, die heute Erwachsene mit Märchen empfinden, liegt wohl besonders darin, daß Märchen eine Form der Psychologie darstellen, bei der man selbst betroffen sein und innerlich miterleben kann – auch und gerade in seelischen Fragen, bei denen wir noch in den *»Kinder- und Hausschuhen«* stecken. Märchen schlagen eine Brücke in die Zeit zurück, die im Sinne der Schrift- und Kulturwelt sprachlos war. Dieser Zusammenhang gilt für die Historie der Gesellschaft, aber ebenso für die individuelle Geschichte. Auch persönlich gab es und gibt es »sprachlose« Zeiten, und in diese und durch diese begleiten uns die Märchen.

Die goldene Gans

Es war ein Mann, der hatte drei Söhne, davon hieß der jüngste Dummling und wurde verachtet und verspottet und bei jeder Gelegenheit zurückgesetzt. Es geschah, daß der älteste in den Wald gehen wollte, Holz hauen, und ehe er ging, gab ihm noch seine Mutter einen schönen, feinen Eierkuchen und eine Flasche Wein mit, damit er nicht Hunger und Durst litte. Als er in den Wald kam, begegnete ihm ein altes graues Männlein, das bot ihm einen guten Tag und sprach: »Gib mir doch ein Stück Kuchen aus deiner Tasche und laß mich einen Schluck von deinem Wein trinken, ich bin so hungrig und durstig.« Der kluge Sohn aber antwortete: »Geb ich dir meinen Kuchen und meinen Wein, so hab ich selber nichts, pack dich deiner Wege«, ließ das Männlein stehen und ging fort. Als er nun anfing, einen Baum zu behauen, dauerte es nicht lange, so hieb er fehl, und die Axt fuhr ihm in den Arm, daß er heimgehen mußte und sich verbinden lassen.

Das war aber von dem grauen Männchen gekommen.

Darauf ging der zweite Sohn in den Wald, und die Mutter gab ihm, wie dem ältesten, einen Eierkuchen und eine Flasche Wein. Dem begegnete gleichfalls das alte graue Männchen und hielt um ein Stückchen Kuchen und einen Trunk Wein an. Aber der zweite Sohn sprach auch ganz verständig: »Was ich dir gebe, das geht mir selber ab, pack dich deiner Wege«, ließ das Männlein stehen und ging fort. Die Strafe blieb nicht aus; als er ein paar Hiebe am Baum getan, hieb er sich ins Bein, daß er mußte nach Haus getragen werden.

Da sagte der Dummling: »Vater, laß mich einmal hinausgehen und Holz hauen.« Antwortete der Vater: »Deine Brüder haben sich Schaden dabei getan, laß dich davon, du verstehst nichts davon.« Der Dummling aber bat so lange, bis er endlich sagte: »Geh nur hin, durch Schaden wirst du klug werden.« Die Mutter gab ihm einen Kuchen, der war mit Wasser in der Asche gebacken, und dazu eine Flasche saures Bier. Als er in den Wald kam, begegnete ihm gleichfalls das alte graue Männchen, grüßte ihn und sprach: »Gib mir ein Stück von deinem Kuchen und einen Trunk aus deiner Flasche, ich bin so hungrig und durstig.« Antwortete der Dummling: »Ich habe aber nur Aschenkuchen und saures Bier; wenn dir das recht ist, so wollen wir uns setzen und essen.« Da setzten sie sich, und als der Dummling seinen Aschenkuchen herausholte, so war's ein feiner Eierkuchen, und das saure Bier war ein guter Wein. Nun aßen und tranken sie, und danach sprach das Männlein: »Weil du ein gutes Herz hast und von dem Deinigen gerne mitteilst, so will ich dir Glück bescheren. Dort steht ein alter Baum, den hau ab, so wirst du in den Wurzeln etwas finden.« Darauf nahm das Männlein Abschied.

Der Dummling ging hin und hieb den Baum um, und wie er fiel, saß in den Wurzeln eine Gans, die hatte Federn von reinem Gold. Er hob sie heraus, nahm sie mit sich und ging in ein Wirtshaus, da wollte er übernachten. Der Wirt aber hatte drei Töchter, die sahen die Gans, waren neugierig, was das für ein wunderlicher Vogel wäre, und hätten gar gern eine von seinen goldenen Federn gehabt. Die älteste dachte: Es wird sich schon eine Gelegenheit finden, wo ich mir eine Feder ausziehen kann, und als der Dummling einmal hinausgegangen war, faßte sie die Gans beim Flügel, aber Finger und Hand blieben ihr daran festhängen. Bald danach kam die zweite und hatte keinen anderen Gedanken, als sich eine goldene Feder zu holen; kaum aber hatte sie ihre Schwester angerührt, so blieb sie festhängen.

Endlich kam auch die dritte in gleicher Absicht, da schrien die andern: »Bleib weg, um Himmels willen, bleib weg.« Aber sie begriff nicht, warum sie wegbleiben sollte, dachte: Sind die dabei, so kann ich auch dabei sein, und sprang herzu, und wie sie ihre Schwester angerührt hatte, so blieb sie an ihr hängen. So mußten sie die Nacht bei der Gans zubringen.

Am andern Morgen nahm der Dummling die Gans in den Arm, ging fort und bekümmerte sich nicht um die drei Mädchen, die daran hingen. Sie mußten immer hinter ihm drein laufen, links und rechts, wie's ihm in die Beine kam. Mitten auf dem Felde begegnete ihnen der Pfarrer, und als er den Aufzug sah, sprach er: »Schämt euch, ihr garstigen Mädchen, was lauft ihr dem jungen Burschen durchs Feld nach, schickt sich das?« Damit faßte er die jüngste an die Hand und wollte sie zurückziehen; wie er sie aber anrührte, blieb er gleichfalls hängen und mußte selber hinterdrein laufen. Nicht lange, so kam der Küster daher und sah den Herrn Pfarrer, der drei Mädchen auf dem Fuße folgte. Da verwunderte er sich und rief: »Ei, Herr Pfarrer, wo hinaus so geschwind? Vergeßt nicht, daß wir heute noch eine Kindtaufe haben«, lief auf ihn zu und faßte ihn am Ärmel, blieb aber auch festhängen. Wie die fünf so hintereinander hertrabten, kamen zwei Bauern mit ihren Hacken vom Feld; da rief der Pfarrer sie an und bat, sie möchten ihn und den Küster losmachen. Kaum aber hatten sie den Küster angerührt, so blieben sie hängen und waren ihrer nun siebene, die dem Dummling mit der Gans nachliefen.

Er kam darauf in eine Stadt, da herrschte ein König, der hatte eine Tochter, die war so ernsthaft, daß sie niemand zum Lachen bringen konnte. Darum hatte er ein Gesetz gegeben, wer sie könnte zum Lachen bringen, der sollte sie heiraten. Der Dummling, als er das hörte, ging mit seiner Gans und ihrem Anhang vor die Königstochter, und als diese die sieben Menschen immer hintereinander herlaufen sah, fing sie überlaut an zu lachen und wollte gar nicht wieder aufhören. Da verlangte sie der Dummling zur Braut, aber dem König gefiel der Schwiegersohn nicht, er machte allerlei Einwendungen und sagte, er müßte ihm erst einen Mann bringen, der einen Keller voll Wein austrinken könnte. Der Dummling dachte an das graue Männchen, das könnte ihm wohl helfen, ging hinaus in den Wald, und auf der Stelle, wo er den Baum abgehauen hatte, sah er einen Mann sitzen, der machte ein gar betrübtes Gesicht. Der Dummling fragte, was er sich so zu Herzen nähme. Da antwortete er: »Ich habe so großen Durst und kann ihn nicht löschen; das kalte Wasser vertrage ich nicht, ein Faß Wein habe ich zwar ausgeleert, aber was ist ein Tropfen auf einem heißen Stein?« – »Da kann ich dir helfen«, sagte der Dummling, »komm nur mit mir, du sollst satt haben.« Er führte ihn darauf in des Königs Keller, und der Mann machte sich über die großen Fässer, trank und trank, daß ihm die Hüften weh taten, und ehe ein Tag herum war, hatte er den ganzen Keller ausgetrunken. Der Dummling verlangte abermals seine Braut, der König aber ärgerte sich, daß ein schlechter Bursch, den jedermann einen Dummling nannte, seine Tochter davontragen sollte, und machte neue Bedingungen: er müßte erst einen Mann schaffen, der einen Berg voll Brot aufessen könnte. Der Dummling besann sich nicht lange, sondern ging gleich hinaus in den Wald; da saß auf demselben Platz ein Mann, der schnürte sich den Leib mit einem Riemen zusammen, machte ein grämliches Gesicht und sagte: »Ich habe einen ganzen Backofen voll Raspelbrot gegessen, aber was hilft das, wenn man so großen Hunger hat wie ich: mein Magen bleibt leer, und ich muß mich nur zuschnüren, wenn ich nicht Hungers sterben soll.« Der Dummling war froh darüber und sprach: »Mach dich auf und geh mit mir, du sollst dich satt essen.« Er führte ihn an den Hof des Königs, der hatte alles Mehl aus dem ganzen Reich zusammenfahren und einen ungeheuern Berg davon backen lassen; der Mann aber aus dem Walde stellte sich davor, fing an zu essen, und in einem Tag war der ganze Berg verschwunden. Der Dummling forderte zum drittenmal seine Braut, der König aber suchte noch einmal Ausflucht und verlangte ein Schiff, das zu Land und zu Wasser fahren könnte. »Sowie du aber damit angesegelt kommst«, sagte er, »so sollst du gleich meine Tochter zur Gemahlin haben.« Der Dummling ging geraden Weges in den Wald; da saß das alte graue Männchen, dem er seinen Kuchen gegeben hatte, und sagte: »Ich habe für dich getrunken und gegessen, ich will dir auch das Schiff geben; das alles tu ich, weil du barmherzig gegen mich gewesen bist.« Da gab er ihm das Schiff, das zu Land und zu Wasser fuhr, und als der König das sah, konnte er ihm seine Tochter nicht länger vorenthalten. Die Hochzeit ward gefeiert, nach des Königs Tod erbte der Dummling das Reich und lebte lange Zeit vergnügt mit seiner Gemahlin.

Suche nach Ganzheit

Lautlich liegen »Gans« und »Ganz« dicht beieinander; darin auch eine inhaltliche Bedeutungsgemeinschaft zu suchen, wäre zuweit hergeholt, wenn nicht der Märchentext insgesamt von einer Suche nach Ganzheit berichten würde. Sieben Menschen hängen an der Gans.

Sieben gilt u.a. als Zahl der Vollständigkeit und Ganzheit (vgl. sieben Tage der Schöpfung, sieben Töne einer Oktave). In Gestalt seiner Helfer aus dem Walde frißt und schluckt sich der jüngste Bruder gleichsam durch eine ganze Weltgeschichte hindurch. Eine Portion Geraspeltes reicht da nicht; es muß schon »*alles* Mehl aus dem *ganzen* Reich«. Ein Schiff, das zu Wasser und zu Land segeln kann, ist, neben weiteren Bedeutungen, ebenfalls ein Symbol der Ganzheit; es gleicht insoweit dem Engel auf der Tarot-Karte »Mäßigkeit«, welcher mit einem Fuß im Wasser und mit einem auf dem Lande steht. –

Die Gans ist im Zusammenhang mit dem Weltei, dem Ei des Ursprungs, ein wichtiges Motiv in altägyptischen Schöpfungsmythen. So wurde u.a. der Urgott Amun in Gestalt einer Gans dargestellt. Im griechisch-römischen Mythos bedeutet die Gans Fruchtbarkeit und Lebendigkeit, gilt als heiliges Tier der Aphrodite und wird als Opfergabe für Priapus, dem Gott der Zeugungskraft, dargebracht. Im alten Rom besaßen Gänse den Ruf der Wachsamkeit, weil sie der Sage nach den Kapitolshügel, das Zentrum der alten Stadt, vor Eroberung und Zerstörung schützten. Allgemein ist die Gans in der Antike als Symbol der Liebe und zwar der ehelichen Liebe bekannt. –

Uns ist die Gans heute als Martinsgans geläufig. Die Figuren des notleidenden Bittstellers und des barmherzigen Helfers, welche zur Legende vom Sankt Martin gehören, treffen wir in diesem Märchen auch an.

Das Gold schließlich bedeutet selbstredend Kostbarkeit und höchsten Wert; es ist ein Sonnen- und somit auch ein Auge- und ein Herz-Symbol. Weil Gold allen Natureinflüssen widersteht und, selbst wenn es in der

Erde vergraben ist, über Jahrhunderte und Jahrtausende seinen Glanz nicht verliert, ist es ein Symbol des Heiligen, des Himmlischen und Unsterblichen. Andererseits, als Geld im Sinne von Mammon gilt das Gold als ein Symbol des Irdisch-Vergänglichen; der Glanz des Goldes ist insoweit Inbegriff der Verblendung und wirkt wie ein Fluch.

Wenn die Alchemisten des Mittelalters und der frühen Neuzeit Gold machen wollten, so bedeutete dies die Suche nach dem »verborgenen Stein«, nach dem Feuer in der Erde. Ziel und Zweck war das reine Gold, die Läuterung des persönlichen Selbst.

Die Suche nach der goldenen Gans, nach der goldenen Ganzheit bringt Glück; so dürfen wir mit dem Märchen gewiß sein. Sie gilt aber auch als dumm, und das nicht allein ohne Grund.

Dumme Gans

Die Figur des jüngsten Bruders, der zuerst als dumm verachtet und schließlich zum König wird, tritt in vielen Märchen auf. Sie ist der Gestalt des »Narren« im Tarot sehr ähnlich. Der Narr ist dort die Karte mit der Nummer Null. Die Bedeutungen dieser Tarot-Karte beschreiben auch den »Dummling« des Märchens: Die »Null« ist eine Warnung vor einer Null-Lösung oder einem Nullsummen-Spiel in den Fragen des Lebens. Narr und Dummling halten an einer ursprünglichen Ganzheit fest (welche die Null als *Kreis* auch symbolisiert). Dieses *Festhalten* benennt das vorliegende Märchen recht eindrucksvoll in Gestalt der Mädchen sowie des Pfarrers mit seinem Küster und der Bauern, welche alle an der goldenen Ganzheit einfach festkleben und nicht mehr loskommen können. Was diesen sieben Personen geschieht, illustriert (zeigt in der Übertragung auf andere) die Daseinsbedingungen, unter welchen der jüngste Bruder bisher gelebt und die ihm den Ruf des Dummling eingebracht hatten.

Ein Nullpunkt kann sich im nachhinein als effektiver *Mittelpunkt* (etwa als Zentrum eines Koordinatensystems) herausstellen. Der Kreis kann sich aus einem Zeichen der Leere in ein Symbol der wiedergewonnenen Einheit, der persönlichen Integration und Vollendung verwandeln. Aber zwischen diesen beiden Bedeutungen liegen Welten, wie zwischen der fluchhaften Blendwirkung und dem echten Glück des Goldes.

Null und Kreis sind Symbole des gesuchten und gefundenen »Selbst«. Die Psychologie ordnet, jedenfalls traditionellerweise, den Frauen im besonderen Maße eine Selbst-Bezogenheit zu, während sie bei den Männern die Welt-Bezogenheit in den Vordergrund stellt. Im Sinne der Welt-Zugewandtheit sind die beiden älteren Brüder schlau. »Dumme Gänse« dagegen sind die Mädchen, Pastor und Küster sowie die Bauern (womit also in diesem Märchen bei den Kirchenmännern und den Bauern »weibliche« Verhaltenszüge vorherrschen). Sie halten am Glück des Selbst (an sich selbst) fest, aber ihnen fehlt die ichbewußte Welterfahrung. Das läßt sie dumm erscheinen. »Dumm« aber ist verwandt mit »stumm«. Was sie an und in sich selbst erfahren haben, können sie noch nicht ausdrücken und der Mitwelt gegenüber zur Geltung bringen. Die Reise in die Welt (dieses typische Schütze-Motiv) beginnt für sie erst, als der Dummling sie mit auf den Weg bis in die ferne Stadt nimmt.

Der Dummling aber klebt nicht an der Gans fest. Was hat es ihm ermöglicht, die Finger davon zu lassen, sich nur im eigenen Kreise zu drehen, und sich auf den Weg zu einer neuen, königlichen Ganzheit zu machen?

Holz hauen

Den Anstoß gibt das Holzhauen. Vor zweihundert und mehr Jahren als dieses Märchen erzählt und in mündlicher Überlieferung weitergereicht wurde, rief das Holzmachen wohl kaum die Assoziationen von kahlgeschlagenen Restwäldern hervor, die für uns Teil der heutigen Erfahrungswelt sind. Der Wald war aufgrund der damaligen Gegebenheiten ein Sinnbild der Wildnis, der schattigen Kühle und der Dunkelheit, oft auch der Undurchdringlichkeit und der Orientierungslosigkeit. Im Wald fand der Mensch seinerzeit vielfach eine unkultivierte, ursprüngliche Natur vor. Das Holzhauen bedeutet in diesem Kontext eine Begebenheit, bei welcher man sich der Materie, des Materials der Natur bedient und, wie im alchemistischen Werk, das Grobe vom Feinen trennt bzw. das Grobe in Feines verwandelt, wodurch kraftvolle, unmittelbare Lebensenergie freigesetzt wird. Zuerst wird der Ast vom Baum oder der Baum aus dem Wald getrennt. Dann wird das Holz weiterzerlegt, bis es dem Feuer Nahrung gibt und sich in Flamme und Glut auf einer neuen, intensiven und verlebendigten Energiestufe entäußert. – Das Holzhauen dient der Vorbereitung dieser Energietransformation, ist selbst schon ein Teil des Verwandlungsprozesses und sorgt für einen genügenden Materialvorrat. (Daß wir heute vielfach unter dem Eindruck begrenzter Ressourcen und knapper

Energievorräte leben, zeigt nur, daß wir es auf eine neuen Art lernen müssen, Holz zu machen. – Vgl. zum Holzhauen auch die Symbolik der Stäbe im Tarot.)

Nun gehen erst die beiden älteren Brüder in den Wald. Sie wissen sich in der Welt zu orientieren und sind, wie der Text sagt, »schlau« und »verständig«. Sie besitzen eine einfache Ich-Definition: »Was ich dir gebe, das geht mir selber ab«. Sie kennen nicht die andere Seite der Welt, deren unbewußte oder Nachtseite, welche sich hier sinnbildlich im Wald darstellt, und sie verstehen im besonderen nicht das Geheimnis des Feuers, welches an Kraft nicht verliert, sondern zunimmt, je mehr es (an Energie) abgibt. So wird ihr Versuch, Holz zu hauen, zu einem Fehlschlag.

Auf dem Holz-Weg

Der doppelte Fehlschlag trifft die älteren Söhne in Arm und Bein, beraubt sie also einstweilen der gewohnten Handlungsfähigkeit. Die Beobachtung, daß das einfache Ich-Bewußtsein und das Weltverständnis der Brüder ihre Grenzen erfahren, gibt dem aufflackernden Selbstvertrauen des Jüngsten Nahrung. Wenn der Vater zu ihm sagt »Geh nur hin, durch Schaden wird man klug«, so ist damit die Hoffnung für die älteren Söhne ausgesprochen, daß auch sie, die nun den Schaden gehabt haben, dazulernen werden; und es ist ein (versteckter) Segenswunsch des Vaters für den Jüngsten, denn dieser hat ja bisher im Schaden, eben mit der Dummheit in den Augen der Welt, gelebt.

Zeit seines Lebens war der Dummling auf den Holz-Weg. Er kennt deshalb, wie sich zeigt, das Geheimnis des Feuers und gewinnt *dazu*, als er dem grauen Männchen von sich abgibt. Als Weg des Feuers führt ihn seine bisherige Lebensweise auch in Zukunft weiter, bis hin zum Königsdasein. Aber andererseits wird ihm klar, daß er ohne Welterfahrung und ohne Selbstbestätigung in der Welt mit seinem inneren Feuer sich in einer Sackgasse befindet. Der »Holzweg« in seiner sprichwörtlichen Bedeutung des verkehrten Weges bezeichnet einen Waldweg zur Holzabfuhr, der am Schlag nicht mehr weiterführt. Diesen seinen Holzweg muß der Dummling beenden (um den Weg des Feuers zu eröffnen). Das geschieht, als er auf Anraten des Männchens den alten Baum abhaut.

Die Lösung

Das alte graue Männlein besitzt einen interessanten Doppelcharakter. Das Männlein gleicht dem alten Baum, welchen es abzuhauen empfiehlt. So ist es kein Zufall, wenn der Text in einem Atemzug erzählt: »Darauf nahm das Männlein *Abschied*. Der Dummling ging hin und *hieb den Baum um*«. Zugleich verkörpert das Männlein ein Spiegel- oder Ebenbild des Dummlings. Wie der Dummling in seiner Selbstbehauptung und in der Anerkennung durch die Welt in vielem zu kurzgekommen ist, so ist auch das Männlein notleidend: »Ich bin so hungrig und durstig«. Der riesige Hunger und der riesige Durst verbinden das Männlein und den Dummling. Denn der Dummling besitzt einen gewaltigen Lebens*hunger* und ebenso *dürstet* ihn danach, auf seine Lebensart glücklich zu werden.

Ein *Männlein* kann ein sehr alter Mann oder ein kleiner Junge sein. Beides trifft hier zu. Daß das Männlein als alt und grau beschrieben wird, paßt zum alten Mann ganz offensichtlich; wenn ein kleiner Junge als alt und grau bezeichnet wird, dann heißt dies, daß es ihm schlechtgeht oder daß er seit ewig ein kleiner Junge ist oder daß die Zeit, da er ein kleiner Junge bleibt, sich ihrem Ende nähert und hinfällig wird.

Der alte Baum, den der Junge umhaut, vertritt die alte, ausgewachsene und weitverzweigte Macht der Tradition. Der Junge muß mit der Tradition seiner Eltern und Brüder, welche keine Blick für sein Lebensglück besitzen, sondern dieses sogar trüben, brechen; aber auch mit seiner eigenen lange gepflegten Tradition, in welche er die Rolle des dummen Jungen übernommen hat.

Wir haben bereits gesehen, daß seine alte Dummheit darin bestand, daß er an einer goldenen Ganzheit ebenso festhielt, wie es im weiteren Verlauf der Geschichte jenes Fähnlein der sieben Aufrechten, welche an der goldenen Gans kleben, demonstriert. In dem Moment, wo der Junge sich entschließt, selber Holz zu hauen, löst er sich vom alten Festhalten. Dabei gibt er seinen selbstgewählten Anspruch auf Ganzheit nicht auf; das unterscheidet ihn von seinen Brüdern. Daß die Brüder sich in Arm und Bein hauen, stellt ja nicht nur ein Mißgeschick dar. Dies symbolisiert vielmehr ein Verhalten, welches keinen Begriff für das Ganze besitzt und deshalb einen Teil der eigenen Person abtrennt oder kaltstellt. Dieses Abgetrennte oder Ausgegrenzte stellt sich im alten grauen Männlein dar, das im Wald ein *Schattendasein* fristet und für welches die »schlauen« Brüder kein Verständnis besitzen.

Indem er den alten Baum umhaut, *handelt* der jüngste Bruder zum ersten Mal für seine Wünsche und Ziele. Im Interesse der Ganzheit muß er trennen und »Stückwerk« machen. Die Bereitschaft, selber zu handeln und mit unvollkommenen, abschnittsweisen Schritten vorzugehen, hatte ihm gefehlt; diese hatte bei ihm im Schatten gestanden. Und daher verabschiedet sich das schattenhafte Männlein, sobald der Junge selber anpackt und zugreift. Im gleichen Moment, wo er seine Handlungsfähigkeit und Bewegungsfreiheit einsetzt, findet er die goldene Gans.

Das wiedergefundene Lachen

Weil der Dummling sein Glück nicht mehr dem Schicksal überläßt, findet er zu seinen Wurzeln und dort die goldene Gans. Die Wurzeln des Feuers sind Lebendigkeit und Schaffenskraft; an diesen Wurzeln findet der Schütze seinen Reichtum und die Fülle des Lebens, welche durch die Gans u. a. symbolisiert werden. – Aufgabe der (astrologischen) Feuerzeichen ist es, einen Willen zu formen. Der Schütze muß dabei am weitesten ausgreifen, enorm viele Erfahrungen erst einmal selber machen und verdauen, bis er zu dem vorstößt, was er wirklich will. –

Das Schatten-Männchen verschwindet, als der Dummling für die Verwirklichung seines Willens handelt. Dieser entdeckt die Gans; und diese wiederum stellt eine *tragfähige* Gewißheit, eine *faßbare* Vorstellung seines Willens dar. Seinen Glücksanspruch hat er nun nicht mehr in sich vergraben, aber er ist noch nicht soweit, daß er ihn in direktem Einsatz erfüllen kann. Es entsteht eine Übergangssituation; in dieser hält er sich an der Gans fest, ohne an ihr festzukleben, und zieht übers Land.

Diese Zwischenzeit geht zuende, als der Dummling das *Gesetz* und die herausfordenden Proben des Königs annimmt und als er ein eigenes *Verlangen* entwickelt. Ab dem Augenblick, wo er konkrete und stimmige Ziele für seinen Willen findet – seine Frau zu verlangen, das Erbe des Königs anzutreten und die gestellten Aufgaben zu lösen –, spielt die goldene Gans als solche keine Rolle mehr in der Geschichte.

Unter der Voraussetzung eines »Dummlings«, der ein ganz-starkes Selbst und ein schwaches oder leeres Ich-Bewußtsein besitzt, ist es entscheidend, einen *Begriff* oder ein *Symbol* für seinen Willen und seine persönlichen Glücksvorstellungen zu finden. Dieses Symbol oder diese Vision, wie hier die goldene Gans, stellt die innere Ganzheit nach außen dar und verdoppelt sie, indem man sie nun innen und außen besitzt. Damit werden eigener Wille und eigene Ziele überhaupt greifbar und für andere vorzeigbar (und nachvollziehbar! – Ein Nachvollziehen stellt auch die Gefolgschaft der Sieben für den Jungen dar). Das in der Außenwelt gefundene Symbol der inneren Ganzheit wird zum Motor und zur goldenen Brücke auf dem Weg zur Integration von Selbst und Ich-Bewußtsein zu einem vitalen Selbstbewußtsein.

Der Königstochter ergeht es so, wie es dem Dummling zuvor ergangen ist. Sie besitzt noch kein Bild und keine Vorstellung von ihrem Glück. Deshalb ist sie so »ernsthaft«. Sie kann nicht lachen und von Herzen glücklich sein, weil auch sie »dumm« ist, d. h. weil auch sie kein bewußtes Ich besitzt, welches dem eigenen Selbst gegenübertreten könnte. Ihre Stärke ist wie beim Dummling ihre Nähe zu sich selbst, und ihre Schwäche ist, ebenso wie beim Dummling, eine fehlende Distanz sich selbst gegenüber. Das fehlende Lachen und der Ernst spiegeln eine seelische Verfassung, welche weder Glück noch Unglück wirklich kennt; sie gleichen einem Schlaf- oder Traumzustand, weil kein Gegenüber für das eigene Erleben in der Außenwelt und somit auch keine wirksame Verbindung zwischen inneren und äußeren Bildern bestehen.

Der Dummling verhilft der Königstocher dazu, daß auch sie ihr Bild der Ganzheit vor Augen findet, indem er seine Vision, seine Gans (und sich selber ganz) zum Besten gibt. Beide, Königstochter und Dummling, besitzen nun ein Bild davon, was sie wollen, was ihr Herz erfreut und was sie glücklich macht. Weil ihnen Ziele in der Außenwelt zur Verfügung stehen und weil sie sich gegenseitig als Menschen wollen, verschwindet die Bedeutung des äußeren Symbols. Die Gans hat sich überflüssig gemacht, wie einst der alte Baum. Weil sie nun »Objekte der Begierde«, Ziele ihrer Wünsche besitzen, bekommt die zuvor unbestimmte, an sich selbst verhaftete Sehnsucht nun eine Dynamik nach außen. Ihrer Sehnsucht wachsen Flügel, und, so gesehen, sind Königstochter und Dummling jeweils selbst zur goldenen Gans geworden.

Erfahrungshunger und Wissensdurst

Die Aufgabenstellungen des Königs kommen dieser erwachten, zielbewußten Sehnsucht geradewegs entgegen – so, wie der Dummling den hungernden und dürstenden Männern im Walde gerade recht begegnet. Die zu kurzgekommene Selbstbehauptung und die zuvor fehlende bewußte Anteilnahme an den Ereignissen der Welt bewirken einen riesigen Nachholbedarf (welcher ganz andere Dimensionen besitzt als jener Eierkuchen und die Flasche Wein, womit sich die älteren Brüder begnügen). Wie der Dummling einst seine Fähigkeit zu handeln aus dem Walde abgeholt hat, so führt er nun diesen Nachholbedarf aus dem Schatten des Waldes heraus. Die Befriedigung seines Bedürfnisses, wirklich satt und zufrieden zu sein, fällt zusammen mit der Erfüllung der Aufgabenstellung des Königs.

Der König ist in diesem wie auch in anderen Märchen u.a. ein Symbol der Aufgabe und des Vermögens, sich selbst zu regieren und bewußt den eigenen Willen zu verwirklichen. Um König zu werden, muß der Dummling seine persönliche Ganzheit immer wieder erneuern, auf neue Herausforderungen und Bedürfnisse reagieren und immer wieder in den Wald gehen, um bislang unbekannte Schattenseiten zu sich zu holen.

Brot und Wein besitzen eine Doppeldeutung als irdische und himmlische Speise. So ist es von der christlichen Eucharistie bekannt, und Himmel und Erde stellt auch das Märchen dar, wenn es *Kirchenmänner* und *Bauern* sind, welche mit an der Gans hängen. Handfeste Werte wie auch ideelle Güter sind Gegenstand des Hungers und des Durstes. – Im Durst, dem »Brand«, der *gelöscht* wird, treffen wir übrigens direkt das (seelische)

Feuer an. Der Durst muß gestillt werden, damit der *Brand* nicht übergreift und verwüstet. – Der Hunger stellt umgekehrt ein Feuer dar, das zuwenig Brennmaterial besitzt. Das Feuer braucht neue *Nahrung*.

Hoch-Zeiten

Die Erfüllung der Lösungsaufgaben und die materielle wie spirituelle Befriedigung von Hunger und Durst sind der Weg zum Königsdasein und der *Inhalt* des »vergnügten« königlichen Lebens. Der Dummling hat Prüfungen zu bestehen, die den Weg zum Ziel und schon die gelebte und erreichte Zielfindung markieren. Wenn es heißt: Er »trank und trank, daß ihm die Hüften weh taten«, so bedeutet dies u.a. den Geschlechtsdurst, der befriedigt wird, wie auch einen Prozeß der Sinnfindung, in welchem Bewußtes und Unbewußtes zusammenwachsen (die Hüfte als körperliches Symbol der Verbindung von oben und unten). Der Held der Geschichte wird vom Wein (»Im Wein ist Wahrheit«), von wahrer Begeisterung durchströmt. Die Prüfungen und die Erfüllungen, die er erfährt, sind Hoch-Zeiten, Blütezeiten seines Lebens. Tiefe und Höhe als Intensität des Lebens stellen sich im Wein*keller* und im Brot*berg* sinnbildlich dar.

Sein Weg zur bewußten Ganzheit des Daseins beschert ihm ein erfülltes, reiches Leben; dieses ist sein Königreich. Die Hoch-Zeiten der Fülle und der riesigen Glückserfahrungen sind Gipfel- oder Scheitelpunkte eines großen Spannungsbogens, der es versteht, das Menschenleben als Ganzes zu sehen und zu gestalten. Die Ansprüche für das eigene Leben, an das persönliche

Glück werden nicht kleingeraspelt, sondern (wie es typisch für das Element Feuer ist) zusammengefaßt und auf eine Karte gesetzt.

Das kann zu Dummheit und zu übergroßem Ernst führen, solange man seine Ansprüche und Erwartungen nicht als solche begreift und noch ganz im eigenen Schicksal befangen ist. Es ist die Stimme des Herzens, die Sprache des inneren Feuers, die einen Menschen solange stumm-dumm und hölzern-trocken machen können, bis er die Wünsche und Aufgaben findet, auf welche er seine starken inneren Energien richten kann. Wie ein gespannter Bogen braucht dieser Mensch seine geeigneten Ziele, um seine Pfeile, seine innere Spannung fruchtbar zu machen. Dann ist es dieselbe Macht des Herzens und des Feuers, welche die Kraft gibt, die Pfeile fliegen und die Funken sprühen zu lassen, den Bogen wieder und wieder zu spannen. Damit wächst das Leben an Reichweite, an Wärme und an Intensität. Das Glück besteht dabei darin, in jedem Augenblick in Verbindung mit seinen Wurzeln und seinen Zielen zu stehen. So wird jeder Augenblick zu einer Ganzheit, die ihre Spannung und ihre Lösung besitzt.

Am Ziel

Die dritte und letzte Aufgabe des jungen Königs in spe ist das Schiff, das zu Land und zu Wasser segeln kann. Dieses Schiff wiederholt zum einen das Symbol der Gans, denn auch diese kann sich zu Land, zu Wasser und in der Luft bewegen. (Zusammen mit dem Feuer des Goldes sind in der goldenen Gans alle vier Elemente vertreten.) Die Doppelnatur von Wein und Brot klingt in diesem Schiff an. Und auch wieder die Verbindung von Bewußtem und Unbewußtem.

Darüber hinaus symbolisiert das Schiff den Lebensabend und das Lebensende. Ein Schiff tritt in zahlreichen Märchen und Mythen als Seelenschiff auf, das die Menschen vom Tod zu einem neuen Leben überführt. Natürlich gilt das am Schluß dieses Märchen auch und vor allem in dem Sinne, daß der Dummling endlich wach und ganz er selbst wird und damit *in* seinem Leben zu einem neugeborenen Dasein aufsteht. Aber auch der Tod ist am Ende der Geschichte angesprochen. Das alte graue Männlein, das vor langer Zeit sich verabschiedet hat, tritt wieder in Erscheinung. War es damals das ewige Kind, das kleine Männlein, das aus dem Schatten zu holen und zu verabschieden war, so ist es jetzt das *alte* Männlein, daß den Jüngling ein letztes Mal in den Wald ruft. Auch Geburt und Tod gehören zum Erleben der eigenen Existenz, wenn wir sie in ihrer *ganzen* Spanne sehenden Auges überblicken.

Wie das Märchen davon erzählt, darin liegt etwas sehr Versöhnliches. Wer sein Leben gelebt hat, wer in der Sehnsucht auf die Erfüllung vorausschaute, den geleiten seine gehabten Glückserfahrungen auch zum Abschied von diesem Leben und zur Begrüßung des dann folgenden. Es ist im guten Sinne die christliche Adventsbotschaft, die hier am Ende des Märchens mitschwingt; die Adventsbotschaft, die sich der Symbolik des nahenden Schiffes bedient und etwa in Gestalt des Nikolaus ebenso vom »Mann aus dem Walde« erzählt, wie dieses Märchen zum Ende des Textes hin.

Der Tod muß mitangesprochen werden, damit er in den Hoch-Zeiten des Lebens aufgehoben und zugleich überwunden werden kann. Zur Ganzheit gehört das

Wissen vom Tod dazu; aber es bleibt eine *Ganzheit des Lebens*. Diese verleiht der Stimme des Herzens und der Sprache des inneren Feuers Ausdruck. Sie überwindet den Tod, gerade weil und wenn sie ihn zur Voraussetzung hat und sich dessen bewußt ist, daß es die gegebene Lebensspanne ist, deren Bogenspannung unser Glück ausmacht.

Einsicht und Begeisterung

Der Schütze als Sinnbild der Selbstverwirklichung

»Man sieht nur, was man weiß.« Dieses geflügele Wort Theodor Fontanes trifft auf die bewußte Wahrnehmung zu. Unbewußt sieht man natürlich eine Menge, was man nicht weiß. Das Auge registriert unwillkürlich auch solche Dinge und Ereignisse, die wir nicht bewußt wahrnehmen und welche uns dennoch betroffen machen. »Ich sehe was, was du nicht siehst«: Dieses Ratespiel kann als Erweiterung des Wahrnehmungsvermögens einen frappierenden Sinn besitzen und weit mehr als ein »Kinderspiel« darstellen.

Das Auge läßt sich täuschen, das Auge mag dem Schein der Dinge aufsitzen oder sich blenden lassen. Eines aber bleibt dem Augenmerk gewiß: Die ganzheitliche, gestaltbildende Wahrnehmung. Ein treffendes Beispiel ist das Autofahren: Auch mit größerer Geschwindigkeit erfolgt eine komplexe Erfassung der Außenwelt mit einem Blick, eine intuitive Anpassung an auftretende Veränderungen, eine Art automatischen Schauens, welches der Fahrerin oder dem Fahrer erlaubt, ihr/sein Ziel zu verfolgen. Sicherlich spielen insoweit alle Sinne mit; aber das Sehvermögen nimmt eine besondere Rolle dabei ein. Die intuitiven Anpassungsvorgänge müssen gut funktionieren, wenn man sich auf sie verlassen will. Sie müssen selbstverständlich, gewohnheitsmäßig und in diesem Sinne gedankenlos funktionieren, damit man in und mit dem Augenblick handeln und reagieren kann. Und doch ist diese Leistung der intuitiven Anpassung alles andere als selbstverständliche Routine. Das erleben wir im Straßenverkehr recht häufig. Allein die große Zahl der Brillenträger legt Zeugnis von den Schwierigkeiten und Gefährdungen intuitiven Schauens und Handelns ab.

Lösen und binden

Im Sehen vollzieht sich ständig eine Anpassung zwischen dem Eigenen und dem Anderen, ein Abgleich zwischen Innen- und Außenwelt und eine Koordination zwischen bewußter und unbewußter Wahrnehmung. Die Anpassungsschwierigkeiten des Auges handeln von den Spannungen, welche zwischen diesen verschiedenen Welten auftreten. Dabei ist nicht einmal gesagt, daß alle Menschen, welche keine Sehhilfe benutzen, diese Spannungen für sich gemeistert haben; sie kennen sie oftmals nur nicht, weil entweder das Eigene oder das Andere gar nicht in den Blick kommt.

Was sich in den Augen und im Gesichtsfeld abspielt, ist eine Erscheinungsform des Feuerelements in uns. Das Feuer wirkt unmittelbar und ganzheitlich. Seine Stärke ist die Nähe zu sich selbst. Identität, Willenskraft und eben Intuition werden dadurch möglich. Diese Stärke des Feuers erweist sich aber auch als seine empfindlichste Schwäche (solange man keinen bewußten Begriff davon besitzt). Da, wo man intuitiv schauen und agieren möchte, braucht man einen gewissen Automatismus, eine Art Fraglosigkeit – und früher oder später läuft man in eine »Abseitsfalle«, nämlich dahinein, wo ein blinder Fleck in der eigenen Optik besteht. Die anfängliche Intuition erreicht dort ihr Ende. Man verbrennt sich.

Was dann geschehen kann, davon erzählt u.a. das Märchen der goldenen Gans. Man verteidigt seine Sichtweise und klebt an seinem Bild vom Ganzen wie die sieben Leute an den Federn der Gans. Die *Macht der Projektionen* führt dazu, daß man den eigenen Vorstellungen (von Glück und Unglück, von Gut und Böse usw.) überallhin nachläuft. Obwohl man dabei (sich) viel bewegt, befindet man sich jedoch auf dem Holzweg: So gelangt man gerade nicht zur Verwirklichung seiner Zielvorstellungen. – Oder aber man gibt seine Vorstellungen auf, bewahrt ernsthaft die Nähe zu sich selbst, um den Preis jedoch, daß man jedes persönliche Engagement, bei dem man über sich selbst hinausgehen müßte, ablehnen muß: Feuer auf Sparflamme.

Voraussetzungen des Glücks

Die Märchenhandlung läßt etwas von der Wucht und der Dramatik spüren, welche mit dem Schauen und der Kraft der Vorstellungen zusammenhängen können. Für den Schützen in uns hängen Schicksal, Glück oder Unglück davon ab. »Die Macht der Bilder erweist sich dadurch, daß sie uns in Bann schlagen«, bemerkte Ernst Jünger.

Die besondere Dramatik des Schützen läßt sich astrologisch aus seiner Stellung zwischen Skorpion und Steinbock erklären. Im Tarot gehört als erste typische Karte zum Skorpion der »Tod« und zum Steinbock der »Teufel«. Kein anderes Zeichen des Tierkreises sieht sich so wie der Schütze zwischen Tod und Teufel gestellt; allenfalls noch die Zwillinge, die auf der sogenannten Schicksalslinie (Quincunx) umgekehrt zwischen Steinbock und Skorpion, also »Teufel« und »Tod« plaziert sind. (Die Zwillinge sind im Tierkreis auch das Gegenüber des Schützen. Diese Gegenüber-Stellung bedeutet ein Verhältnis von Gegensatz und Ergänzung.)

Intuitiv, indem er die Augen aufmacht, kommt der Schütze u.a. mit Tod und Teufel in Berührung. Der Kontrast kann kaum härter sein. Denn »Feuer« bedeutet zuerst Lebendigkeit, welche vom »Tod« scheinbar verneint wird. Und »Feuer« bedeutet Wille und Wunscherfüllung, – Kräfte, welchen der »Teufel« die berüchtigten Knüppel zwischen die Beine zu werfen scheint. So mag es für den Schützen naheliegen, sich Scheuklappen anzulegen, um seine Vor- und Nachgeschichte auszuklammern.

Es wäre jedoch falsch zu glauben, nur durch den Zusammenhang mit anderen würden dem Schützen diese herausfordernden Feuerproben zuteil. Auch wenn wir den Schützen allein betrachten, wenn wir den Jahreskreis mit dem Schützen beginnen oder beenden würden (wie es der Schütze als Aszendent im Horoskop ja tun kann), begegnen wir den gleichen Widersprüchen.

Das Feuer des Schützen findet seinen Mittelpunkt im Himmelslicht sowie im Innern, im glühenden Kern der Erde. Göttlicher Funke und irdisches Erbe geben beide das Feuer weiter. Bewußte Einsicht und unbewußte Sichtweise – beide zusammen bilden die Intuition, in der die Erfahrung von selbstverständlicher Ganzheit weiterlebt.

Aus dieser intuitiven Erfahrung speisen sich die Träume und die oftmals großen Ideale des Schützen.

Das Wunderbare und das Fantastische sind sein Lebenselixier. Und weil er große Ziele besitzt und mit dem Feuer seiner vielen »Stäbe« auch in der Lage ist, sich für seine Wünsche und Absichten begeistert zu engagieren, wurde und wird die Wirkung von Schütze/Jupiter als »großes Glück« interpretiert.

Allerdings: Gebranntes Kind scheut das Feuer. »Schicksalsschläge« werden vom Schützen außergewöhnlich durchschlagend empfunden, weil er die Versagung seiner Triebe besonders ganzheitlich erfährt. Er fragt nach dem Warum dieser Schicksalsereignisse (vgl. u.a. Tarot-Karte »Rad des Schicksals/Glück«). Die Begabung des Schützen zu Theorie und Weltanschauung *kann* sich nun aber auch in eine Vergrößerung jener Triebversagungen verwandeln. Dann dreht sich sein Bemühen hauptsächlich darum, den Sinn von Ereignissen und die Bedeutung von Zusammenhängen zu verstehen. Aber daß der Anlaß für diese Verständnisbemühungen einmal die Absicht war, neue Lösungen für die Entfaltung seiner Triebe zu entdecken, dieses Motiv tritt in den Hintergrund.

Aus diesen Gründen muß der Schütze lernen, sich selbst ins Auge zu schauen und – wie der »Ritter der Stäbe« – mit dem, was ihn bewegt, von innen nach außen gehen. Wenn er es schafft, aus sich herauszukommen, wird er ein aktives Verhältnis zu seinem Schicksal gewinnen und behalten. Verständnis für Sinn und Bedeutung kann ihm nun dabei helfen, seinen Weg zu gehen. Jeder Schritt auf dem Weg der Verwirklichung vielfältiger Wünsche aber ist tatsächlich ein »großes Glück«.

Ins Schwarze treffen

»Sie werden eine große Reise unternehmen!« erklärten Kartenlegerinnen und Kartenleger traditionell, wenn die Karte des »Ritter der Stäbe« aufgedeckt wurde. Wenn man will, so hatten diese Wahrsager nicht einmal ganz unrecht: Eine Lebensspanne *ist* eine große Reise, und die gewollte und bejahte Spannung des ganzen Lebensbogens ist die größte Reise und das wahrhaft einmalige Abenteuer, welches wir in diesem, unserem Leben gestalten können.

Aber wohin soll die Reise gehen? Der Pfeil soll ins Schwarze treffen. Wo es am dunkelsten ist, wird am meisten Licht gebraucht. Wo der blinde Fleck der (eigenen) Optik liegt, ist am meisten zu lösen und zu verbinden: Dort finden sich die größten Rätsel und bisher nur geahnte Wünsche und Ängste einer Person oder einer Gruppe von Menschen, welche auf eine Lösung warten. Auf die Auflösung unnötiger Ängste sowie die Einlösung zu kurzgekommener Wünsche können und sollen sich die stärksten Feuerenergien richten. Daran können sich der Edelmut des Schützen und jene Barmherzigkeit zurecht bewähren, von welcher das zitierte Märchen wie auch die Schütze-Gestalt des Sankt Martin künden.

Schließlich besteht der blinde Fleck, um den es hier als Zielpunkt geht, anatomisch an der Stelle in unseren Augen, wo der Sehnerv die Netzhaut berührt. Gerade der Punkt, an dem die Verbindung von Auge und Gehirn, d.h. von sinnlichem und geistigem Schauen (von Sehen und Erkennen) ansetzt, bleibt selber schwarz und kann nur über Anpassungsprozesse des Bewußtseins ausgeglichen werden. Auf diesen Punkt unser Augenmerk zu richten, bedeutet, es zu einer spannenden Frage zu erheben, wie denn überhaupt Eigenes und Anderes, Innen- und Außenansicht, bewußte und unbewußte (unwillkürliche) Wahrnehmung aufeinandertreffen und sich miteinander verbinden.

Wenn ein Mensch die Welt vor seinen Augen etwas konturlos und verschwommen, aber recht eindrucksvoll und gefühlsbetont wahrnimmt, dann heißt es über ihn beispielsweise, er sei kurzsichtig; die »Sehschwäche« müsse mittels einer Brille korrigiert werden. Derselbe Augenarzt (oder die Ärztin), welche/r nach meist kurzer Untersuchung das Rezept ausstellt, besitzt zu Hause vielleicht Drucke oder sogar Originale von Gemälden des Impressionismus, welche hochgerühmt und teuer sind und eine ähnliche Sichtweise vermitteln, wie sie jener Patient besitzt. Bei diesen Kunstwerken gilt die dargestellte Sichtweise nicht als Schwäche, sondern als wertvolle Stärke.

Sicherlich, wenn man kurzsichtig ist, dann soll dies ausgeglichen werden. Aber wie? Selbst wenn eine Brille nicht zu vermeiden oder »kein Beinbruch« ist, bleibt doch die Frage zu stellen, was denn das Besondere, das Eigentümliche an der Sehweise der betreffenden Person ist. Was hat dieser Mensch den anderen aus seiner Sicht mitzuteilen? Welche Seiten, Aspekte und Perspektiven der Welt hat er gesehen, die den »Normalsichtigen« fehlen oder unbekannt sind? Gibt es auch etwas ganz Individuelles im Weltbild dieser Person, das vielleicht dringender als eine Brille einen bewußten Ausdruck, ein Begreifen oder Nachvollziehen bräuchte, um »ausgeglichen« zu werden?

Mit beiden Augen

Wie erwähnt, heißt »Theorie« wörtlich Anschauung. Eine Theorie, die etwas taugt, beruht auf Erfahrungswerten, die geistig verarbeitet wurden. Viele Sinnesdaten sind in diese theoretische Anschauung eingeflossen, oft auch Beobachtungen, die man von anderen übernommen oder ererbt hat. Wie im einzelnen auch immer – derselbe Auseinandersetzungs- und Anpassungsprozeß, der zwischen individuellen und kollektiven Sichtweisen vonnöten ist, vollzieht sich innerhalb *einer* Person zwischen der konkreten, aktuellen Wahrnehmung und den übrigen, bisher gewonnenen und theoretisch bearbeiteten Erfahrungswerten.

Es ist ein Training der Wahrnehmung erforderlich, welches dazu führt, »mit beiden Augen« zu schauen: Sowohl der einzelnen Wahrnehmung wie auch den zugänglichen Erfahrungen in ihrer Gesamtheit zu trauen und angemessen zu begegnen. Für dieses Training können die Symbolsprachen viel leisten; und speziell das Tarot-Kartenlegen kann (in der im Tarot-Kapitel beschriebenen Weise) manches zur Schulung des Augenmerks beitragen.

Allgemein ist es jedoch die *Bildung*, welche dem Schützen traditionell zugeordnet wird, die dazu verhilft, die genannten Orientierungsleistungen persönlich zu erbringen. »Bildung« meint u.a., sich ein Bild machen zu können, Bilder sehen und in Bildern denken zu können. Als Unterscheidung und Verbindung von Sehen und Erkennen erfordert und ermöglicht Bildung die Ausbildung des persönlichen *Bewußtseins*.

Der fliegende Pfeil

Die anfängliche Intuition im Leben eines einzelnen Menschen wie auch in der Entwicklungsgeschichte der Menschheit geht gerade durch das Wachstum des Bewußtseins, durch Einsicht und Begeisterung verloren. Einsicht in das Eigene wie in das Andere, Begeisterung für die eigenen Entdeckungen und für vorgegebene Theorien usw. lösen die Intuition in ihrer unmittelbaren Ganzheit auf, bilden bewußte und unbewußte Sehgewohnheiten aus, in welchen sich die vielfältigsten Einflüsse mischen. Die Gefahr droht, daß der Anspruch auf Ganzheit ebenfalls verlorengeht oder nur auf einem Auge praktiziert wird. *Zu sehen* ist nicht nur das Talent, die charakteristische Herangehensweise des Schützen; es ist auch seine Aufgabe für ein ganzes Leben. Es sind dann *wieder* Einsicht und Begeisterung, welche zu einer Wiedergeburt der Intuition führen, für welche die bewußte Unterscheidung der verschiedenen Wirklichkeiten des Sehens nun zu einer Erfolgsvoraussetzung wird.

»Erkenntnis von Eigenem und Anderem in der Betrachtung der Welt« ist eine Umschreibung nicht nur für den Zielpunkt (den schwarzen Fleck), sondern auch für den *Weg* des Pfeils des Schützen. Eigenes und Anderes, Innen- und Außenwelt sowie die genannten weiteren Widersprüche des Schützen sind wie Kimme und Korn: Sie müssen deutlich als unterschiedliche Brennpunkte der Optik vorhanden sein *und* im gegebenen Augenblick zur Übereinstimmung gelangen – dann werden Treffer realisiert.

Diese Treffer bedeuten im Leben das große Glück, das Lebensfeuer, die (Lebens-)Kunst, die Tugend der »Mäßigkeit«, die verwirklichten Träume und die himmlisch-irdische Doppelperspektive, von welchen die Symbolsprachen in diesem Buch im einzelnen berichten.

Ist der Bogen gespannt, das Ziel vor Augen und sind die beiden Brennpunkte gut im Blick – dann kann der Schütze seinen Pfeil auf die Reise schicken und – loslassen. Wenn sein Feuer richtig in Bewegung ist, kann er selbst gänzlich entspannen.

Anmerkungen

S. 7: **Motto:** J. W. v. Goethe, hier zitiert nach: I Ging. Text und Materialien. Übersetzt von Richard Wilhelm. Köln 12. Aufl. 1985, S. 63

S. 10: **Auge als Symbol:** Das Auge besitzt für alle drei Feuerzeichen eine große Bedeutung. Kopf und Gesicht werden dem *Widder* zugeordnet; »Gesichtspflege« und Imagebildung zählen zu den Widder-Themen. Als Sonnen- und Herz-Symbol gehört das Auge zum *Löwen*. Augenausdruck, Sehkraft und Blicklenkung korrespondieren mit der Entfaltung des Löwe-Prinzips. Den *Schützen* schließlich kennzeichnen typischerweise die Verbindung (und die Widersprüche) von Sehen und Erkennen, das Schauen, die Sichtweisen und die Weltanschauung eines Menschen. Als dem letzten der drei Feuerzeichen tauchen die Themen von Widder und Löwe auch im Schützen auf.

S. 10: **St. Martin:** Dieses Fest wird am (Vorabend des) 11. 11. gefeiert. Das Datum liegt im Skorpion-Monat. Gleichwohl bezieht sich die Symbolik (Pferd und Reiter, armer Mann und barmherziger Helfer, der geteilte Mantel – vgl. a. S. 92) auf die Thematik des Schützen.

S. 12: **Nikos Kazantzakis,** zitiert nach: Marilyn Ferguson: Die sanfte Verschwörung. Persönliche und gesellschaftliche Transformation im Zeitalter des Wassermanns. Basel 2. Aufl. 1982, S. 121

S. 14: **Extrabreit,** zitiert nach: Kölner Stadtanzeiger v. 9.12.1983

S. 19: **Franz v. Assisi,** zitiert nach: Reshad Feild: Ich ging den Weg des Derwisch, Frankfurt a.M. 1981, S. 97

S. 20f.: **Elias Canetti:** Die Fackel im Ohr. Carl Hanser Verlag, München, Wien 1980, S. 130

S. 35: **»Intuieren«:** In einer Nebenbedeutung heißt »intuieren« auch: etwas – in sich oder für sich – *schützen*, womit im Deutschen der *Schütze* auch direkt angesprochen ist.

S. 37: »Das Drama des …«: Alice Miller: Das Drama des begabten Kindes. Frankfurt a.M. 1985

S. 37: »Schwarz sehen«: Vgl. zum Nutzen des Schwarzsehens in Augentherapie und Augentraining: Lisette Scholl: Das Augenübungsbuch. Leitfaden für einen ganzheitlichen Weg zum besseren Sehen. Berlin 1981. Vgl. a. Klausbernd Vollmar: Das Geheimnis der Farbe Schwarz. Südergellersen 1988, S. 27f. et passim

S. 37: »Rätsellöser«: Vgl. Thorwald Dethlefsen: Ödipus der Rätsellöser. München 1990

S. 37: »Edelschranke«: Hermann Meyer: Astrologie und Psychologie. Reinbek 1986, S. 213

S. 39: »Dunkle Brüder des Zeus«: Die Brüder des Zeus waren Poseidon (lat. *Neptun*) und Hades. – *Pluto* besitzt in der Mythologie eine Doppelgestalt. Einmal heißt er Pluton, das ist ein anderer Name für Hades, den Gott des Schattenreichs. Zweitens heißt der Plutos, das ist der Gott des Reichtums und des guten Schicksals, welcher meist als Knabe mit einem Füllhorn dargestellt wird. – Als *Pluton* = Hades ist Pluto ein direkter Bruder des Zeus. Als *Plutos* ist Pluto in seiner Glück und Wohlstand verheißenden Bedeutung dem Zeus verwandt. Als göttliches Kind zeigt Plutos ebenfalls eine deutliche Parallele zu Zeus, einem der Prototypen des göttlichen Kindes.

S. 43: »Glanz des Dunklen«: Vgl. Johannes Fiebig: Der Glanz des Dunklen. Der Steinbock in uns allen. Königsförde 1989

S. 43: J. W. v. Goethe, hier zitiert nach: Friedrich W. Doucet: Traum und Traumdeutung. München 12. Aufl. 1984, S. 79

S. 54: »Wie ein Abtauchen …« aus: Johannes Fiebig: Tarot – Andere Wege im Alltag. Verlag Kleine Schritte. Bonn 2. Aufl. 1988, S. 36f.

S. 55: Wim Wenders, zitiert nach Kölner Stadtanzeiger v. 14./15.3.1987

S. 56ff.: Tarot und Astrologie: Die vorliegende Zuordnung der Tarot-Karten zu Tierkreiszeichen und Planeten geht auf den Golden-Dawn-Orden (Orden der Goldenen Dämmerung) zurück. Dieser war eine Rosenkreuzer-Vereinigung in England. 1888 gegründet, zerfiel er bald nach 1900 wieder. Seine Bedeutung besteht v. a. darin, daß der Orden ein Erbe der reichhaltigen esoterischen Theoriebildungen des 19. Jahrhunderts war, die er seinerseits zusammenzufassen suchte. Die Tarot-Karten spielten dabei eine Rolle unter vielem anderen. Die heute gängigsten Tarot-Karten (Rider Waite Tarot und Crowley Thoth Tarot, ohne welche die Tarot-Welle der letzten 10 bis 20 Jahre nicht vorstellbar ist) gehen auf Urheber/innen zurück, die zuvor einmal Mitglied im Golden-Dawn-Orden gewesen sind: Pamela Colman Smith und Arthur E. Waite sowie Lady Frieda Harris und Aleister Crowley.

Bei der Konzeption ihrer Karten folgten beide Produzentenpaare – mit geringen Unterschieden – in der Zuordnung zur Astrologie dem Golden-Dawn-Muster, das auch in diesem Buch wiedergegeben ist. Deshalb finden sich die hier genannten Zuordnungen im Rider-Tarot oftmals im Kartenbild wieder (z. B. Widder-Zeichen auf der Karte »IV-Der Herrscher« und Stier-Köpfe im Bild des »Münz-König«), und auf den Crowley-Karten sind diese selben Zuordnungen fast sämtlich als Zeichen angegeben.

Literatur dazu: Robert Wang: Der Tarot des Golden Dawn. Sauerlach 1985. – Israel Regardie: Das magische System des Golden Dawn. 3 Bde. Freiburg 1987. – Evelin Bürger & Johannes Fiebig: Tarot – Spiegel Deiner Möglichkeiten. 6. Aufl. Trier 1989, S. 111.

Neben der vorliegenden gibt es mehr als ein halbes Dutzend weitere Arten der Zuordnung, die in der Literatur vorgeschlagen werden. Diese sind jedoch nicht empfehlenswert, meist schon aus formalen Gründen, weil jeweils nur einem Teil der insgesamt 78 Tarot-Karten astrologische Werte beigegeben wurden. Inhaltliche Probleme entstehen daraus, daß die Tarot-Karten hauptsächlich zur Erläuterung von astrologischen oder sonstigen archetypischen Prinzipien benutzt werden und somit ihr Eigenleben verlieren. Das gilt auch für das Buch zu den im übrigen schönen Tarot-Karten von Mertz/Struck: B. A. Mertz und Paul Struck: Astrologie und Tarot. Interlaken 1981. – Eine Übersicht über verschiedene Zuordnungsweisen finden Sie in: Stuart R. Kaplan, The Encyclopedia of Tarot. Bd. 1. New York 1978, S. 4f.

S. 68: **»Schicksal als Chance«:** Vgl. Thorwald Dethlefsen: Schicksal als Chance. München 1979

S. 69: **»Triebschicksale«:** Sigmund Freud: Triebe und Triebschicksale (1915), in: Studienausgabe Bd. 3, Frankfurt a.M. 1982, S. 81 ff. – Vgl. a. ders.: Abriß der Psychoanalyse (1938). Frankfurt a. M. 1970

S. 78: **»Unterdrückung«:** Die esoterische und die wahrsagerische Deutung des 19. Jhds. sahen die Karte 10 Stäbe allein oder hauptsächlich als eine Situation der Bedrängnis, der Unterdrückung und des Mißerfolgs. Es ist interessant festzustellen, daß für dieselbe traditionelle Deutung die Stäbe bzw. das Feuer das männlichste der vier Elemente darstellten. Wenn die »höchste« Stab-Karte nun vorwiegend oder ausschließlich zu »Unterdrückung« usw. führt, so drückt die traditionelle Deutung damit direkt oder indirekt ein erhebliches Unbehagen an der Männlichkeit aus.

S. 87: **»Traumentzug«:** Vgl. Friedrich W. Doucet, a.a.O., S. 24 f.

S. 135: **Ernst Jünger**, zitiert nach: Nürnberger Nachrichten v. 29. 3. 1986

S. 136: **»›Schicksalsschläge‹ werden vom Schützen außergewöhnlich durchschlagend…«:** Die Textpassage folgt der Darstellung »Der Schütze – oder: Das Glück im Auge«, in: Evelin Bürger & Johannes Fiebig (Hrsg.): Tarot-Calender 1991, Trier 1990, S. 192

Literaturhinweise

Astrologie

Dethlefsen, Thorwald: Schicksal als Chance. Das Urwissen zur Vollkommenheit des Menschen. München 1979

Döbereiner, Wolfgang: Astrologisches Lehr- und Übungsbuch: Münchner Rhythmenlehre. 6 Bände. München 1984 ff.

ders.: Heyne Tierkreis-Bücher. 12 Bände von Widder bis Fische. München 1974 f.

Greene, Liz: Schicksal und Astrologie. Die Familie im Spiegel des Horoskops. München 1985

Haage, Bernhard D. (Hrsg.): Sternzeichen aus einem alten Schicksalsbuch – Schütze. Mit einer Einleitung von Christiane von Wiese. Frankfurt a. M. 1982

Huber, Louise: Die Tierkreiszeichen. Reflexionen, Meditationen. 2. Aufl. Zürich 1983

Karrer, Iso: Tierkreis und Jahreslauf. Astrologie in Mythos und Volksbrauch. Basel 1985

Meyer, Hermann: Astrologie und Psychologie. Eine neue Synthese. München 1981, Reinbek 1986

Riemann, Fritz: Lebenshilfe Astrologie. Gedanken und Erfahrungen. München 1977

Sakoian, Frances, und Louis S. Acker: Das große Lehrbuch der Astrologie. München 1984

Sterneder, Hans: Tierkreisgeheimnis und Menschenleben. 2. Aufl. Freiburg 1985

Sun Bear und Wabun: Das Medizinrad. Eine Astrologie der Erde. 6. Aufl. München 1984

Weiss, Jean-Claude: Astrologie – Eine Wissenschaft von Raum und Zeit. Wettswil 1987

Tarot

Anonymus d'Outre-Tombe: Die großen Arkana des Tarot. Ausgabe A in 4 Bd., Freiburg 1983. – Eine Auswahl aus dem Gesamtwerk bietet das Taschenbuch: (ders.:) Schlüssel zum Geheimnis der Welt. Meditationsübungen zum Tarot. Hrsg. v. Gertrude Sartory, Freiburg 1987

Banzhaf, Hajo: Das Tarot-Handbuch. München 1986

Bürger, Evelin, und Johannes Fiebig: Tarot – Spiegel Deiner Möglichkeiten. 6. Aufl. Trier 1989

Crowley, Aleister: Das Buch Thoth (Ägyptischer Tarot). Waakirchen 1981

Deutsches Spielkarten-Museum: Tarot – Tarock – Tarocchi. Tarocke mit italienischen Farben. Bearbeitet von Detlef Hoffmann und Margot Dietrich. Leinfelden-Echterdingen 1988 (Deutsches Spielkarten-Museum, Schönbuchstraße 32, D-7022 Leinfelden-Echterdingen)

Fiebig, Johannes: Tarot – Andere Wege im Alltag. 2. Aufl. Bonn 1988

Francia, Luisa: Hexentarot. Traktat gegen Macht und Ohnmacht. 4., erw. Aufl., Zürich o. J.

Hollenstein, Marion: Zur psychologischen Deutung des Tarot-Spiels. Zürich 1981

Kaplan, Stuart R.: The Encyclopedia of Tarot. 2 Bde. New York 1978 und 1986

Leuenberger, Hans-Dieter: Schule des Tarot – Band 3. Das Spiel des Lebens. Freiburg 1984

Nichols, Sallie: Die Psychologie des Tarot. Interlaken 1984

Pollack, Rachel: Tarot. 78 Stufen der Weisheit. München 1985

Waite, A. E.: Der Bilderschlüssel zum Tarot. Waakirchen 1978

Ziegler, Gerd (Bodhigyan): Tarot – Spiegel der Seele. Sauerlach 1984

Traumdeutung

Adler, Alfred: Lebenskenntnis. Frankfurt a. M. 1978

Aeppli, Ernst: Der Traum und seine Deutung. München 1984

Doucet, Friedrich W.: Traum und Traumdeutung. München 1973

Freud, Sigmund: »Selbstdarstellung«. Frankfurt a. M. 1971

ders.: Die Traumdeutung. Frankfurt a. M. 1972
Hark, Helmut, Verena Kast, Ingrid Riedel (Hrsg.): *Reihe* Träume als Wegweiser (Traumbild Baum, Traumbild Fuchs usw.) Olten und Freiburg 1986 ff.
Harnisch, Günter: Das große Traum-Lexikon. Freiburg 1989
Jacobi, Jolande: Die Psychologie von C. G. Jung. Eine Einführung in das Gesamtwerk, mit einem Geleitwort von C. G. Jung. Frankfurt a. M. 1978
Jung, C. G.: Bewußtes und Unbewußtes, Frankfurt a. M. 1957
Mann, Thomas: Freud und die Zukunft; in: Sigmund Freud: Abriß der Psychoanalyse. Das Unbehagen in der Kultur. Frankfurt a. M. 1970
Vollmar, Klausbernd: Dream Power. Ein Handbuch für Träumer. Berlin 1988

Märchen / Märchendeutung

Drewermann, Eugen, und Ingrit Neuhaus: *Reihe* Grimms Märchen tiefenpsychologisch gedeutet. Olten und Freiburg 1982 ff.
Fiebig, Johannes: Märchen heute – was sie uns bedeuten. Planungsmaterial für den Deutschunterricht (in der Reihe: Deutsch – betrifft uns, hrsg. v. Guido Ossemann). Aachen 1985
Grimm, Brüder Jacob und Wilhelm: Kinder- und Hausmärchen. Urfassung 1812/1814. Mit einem Nachwort von Peter Dettmering. Lindau o. J.
dies.: Kinder- und Hausmärchen: Jubiläumsausgabe zum 200. Geburtstag 1985/6: Ausgabe letzter Hand mit den Originalanmerkungen der Brüder Grimm, hrsg. v. Heinz Rölleke. Stuttgart 1984
Hetmann, Frederik: Traumgesicht und Zauberspur. Märchenforschung – Märchenkunde – Märchendiskussion. Frankfurt a. M. 1982
Konrad, Johann Friedrich: Hexen-Memoiren. Märchen entwirrt und neu erzählt. Frankfurt a. M. 1981
Seifert, Theodor (Hrsg.): *Reihe* Weisheit im Märchen. Zürich 1984 ff.
Wittmann, Ulla: Ich Narr vergaß die Zauberdinge. Märchen als Lebenshilfe für Erwachsene. Interlaken 1985

Verschiedenes zur Symbolkunde

Arnheim, Rudolf: Anschauliches Denken. Zur Einheit von Bild und Begriff. Köln 1969

Bächtold-Stäubli, Hannes, und Eduard Hoffmann-Krayer (Hrsg.): Handwörterbuch des deutschen Aberglaubens. 10 Bände. Berlin 1927–42

Diederichs, Ulf (Hrsg.): Erfahrungen mit dem I-Ging. Vom kreativen Umgang mit dem Buch der Wandlungen. Köln 1984

Dinzelbacher, Peter (Hrsg.): Wörterbuch der Mystik. Stuttgart 1989

Feldenkrais, Moshé: Die Entdeckung des Selbstverständlichen. Frankfurt a. M. 1985

Fromm, Erich: Märchen, Mythen, Träume. Eine Einführung in das Verständnis einer vergessenen Sprache. Reinbek 1981

Herder-Lexikon: Symbole. Freiburg 1978

Kast, Verena: Die Dynamik der Symbole. Grundlagen der Jungschen Psychotherapie. Olten und Freiburg 1990

Kellerer, Christian: Der Sprung ins Leere. Objet trouvé – Surrealismus – Zen. Köln 1982

Lang, Hermann: Die Sprache und das Unbewußte. Jacques Lacans Grundlegung der Psychoanalyse. Frankfurt a. M. 1986

Langer, Susanne K.: Philosophie auf neuen Wegen. Das Symbol im Denken, im Ritus und in der Kunst. Frankfurt a. M. 1965, 1984

Lurker, Manfred: Lexikon der Götter und Dämonen. Stuttgart 2. Aufl. 1989

ders. (Hrsg.): Wörterbuch der Symbolik, Stuttgart 4. Aufl. 1988

Miers, Horst E.: Lexikon des Geheimwissens. München 1986

Rosenberg, Alfons: Einführung in das Symbolverständnis. Freiburg 1959

Ruck-Pauquèt, Gina: Geschichten für das Schütze-Kind. Bayreuth 1983

Stein, Hans Joachim: Die Kunst des Bogenschießens. Kyudo. München 1985

Unger, Wilhelm: »Wofür ist das ein Zeichen?« Auswahl aus veröffentlichten und unveröffentlichten Werken des Kritikers und Autors, mit einem Vorwort von Alfred Neven DuMont, hrsg. v. Meret Meyer, Köln 1984

Vollmar, Klausbernd: Das Geheimnis der Farbe Weiß. Südergellersen 1989

Wedewer, Rolf: Zur Sprachlichkeit von Bildern. Ein Beitrag zur Analogie von Sprache und Kunst. Köln 1985
Wilson, Colin: Das Okkulte. Berlin und Schlechtenwegen 1982
Wittlich, Bernhard: Symbole und Zeichen. 2. Aufl. Bonn 1982

Register

Weitere Veröffentlichungen von Evelin Bürger & Johannes Fiebig

Evelin Bürger & Johannes Fiebig:
Tarot – Spiegel Deiner Möglichkeiten
Bonn 1984, 7. Auflage Trier 1991
Verlag Kleine Schritte. ISBN 3-923261-05-5.
128 Seiten. Zahlr. Abbildungen

Eines der erfolgreichsten deutschsprachigen Tarot-Bücher.

Johannes Fiebig:
Tarot – Andere Wege im Alltag
Bonn 1987; 2. Auflage 1988
Verlag Kleine Schritte. ISBN 3-923261-10-1.
128 Seiten. Zahlr. Abbildungen

»Fiebig, erfahrener Tarot-Anhänger, schlägt ein neues Kapitel im Tarot-Kartenlegen auf. Während die üblichen Handbücher mehr dem traditionellen Muster verhaftet sind, baut er auf selbständige Orientierung… (ein) Grundlagenwerk für fortgeschrittene Tarot-Fans.«
(Uwe-F. Obsen, ekz-Informationsdienst 6/88)

Johannes Fiebig:
Märchen heute – was sie uns bedeuten
Aachen 1985 ff.
Verlag Bergmoser + Höller. ISSN 0178-0417.
40 Seiten Loseblatt DIN A4

Reihe »Deutsch – betrifft uns. Planungsmaterial für den Deutschunterricht«, hrsg. v. Guido Ossemann, Heft 2/85.

Bücher für Herz und Verstand

Reihe Astrologie, Tarot, Träume & Märchen

»Auch wenn man sich noch nie mit diesen Bereichen der Esoterik, der Symbolsprachen beschäftigt hat, versteht man, worum es hier geht, denn Johannes Fiebig erklärt seine Thesen genau. Er schreibt sehr bildhaft, und auch ein Blick in die Geschichte der Astrologie und Traumdeutung wird riskiert. Der Autor sieht seine Thesen dabei nicht verkniffen, er will die Leser dazu ermutigen, sich mit neuen Gedanken zu beschäftigen. Er möchte, daß sie das, was im Alltag passiert, mehr wahrnehmen.« (NDR, Welle Nord)

Bereits erschienen:

Johannes Fiebig: **Auf der Suche nach dem Eingemachten.**
Der Stier in uns allen. ISBN 3-927808-02-4

Johannes Fiebig: **Schneller als der Schatten.**
Die Zwillinge in uns allen. ISBN 3-927808-03-2

Johannes Fiebig: **Der Glanz des Dunklen.**
Der Steinbock in uns allen. ISBN 3-927808-10-5

Johannes Fiebig: **Der Zauber des Eigenen.**
Der Wassermann in uns allen. ISBN 3-927808-11-3

Johannes Fiebig: **Der Skorpion in uns.**
Geheimnis und Leidenschaft. ISBN 3-927808-08-3

Johannes Fiebig: **Der Schütze in uns.**
Einsicht und Begeisterung. ISBN 3-927808-09-1

Es folgen:

Die Fische in uns. ISBN 3-927808-12-1
Der Widder in uns. ISBN 3-927808-01-6
Das Tierkreiszeichen Krebs in uns. ISBN 3-927808-04-0
Der Löwe in uns. ISBN 3-927808-05-9
Die Jungfrau in uns. ISBN 3-927808-06-7
Die Waage in uns. ISBN 3-927808-07-5

Jeder Band 160 Seiten, zahlreiche Abbildungen, DM 14,80.
Königsfurt Verlag. Erhältlich im Buchhandel